Reiner Jungnitsch

Ach, so ist das gemeint!

Reiner Jungnitsch

Ach, so ist das gemeint!

Gespräche über Religion, Glaube, Christentum

BOD Norderstedt

Bibliografische Information der Deutschen Nationalbibliothek:
Die Deutsche Nationalbibliothek verzeichnet diese Publikation
in der Deutschen Nationalbibliografie; detaillierte bibliografische
Daten sind im Internet über http://dnb.dnb.de/ abrufbar.

© 2020 Reiner Jungnitsch
Umschlagfoto: https://pixabay.com/de/

2. verbesserte Auflage

Herstellung und Verlag:
BoD – Books on Demand, Norderstedt
ISBN 9783752648690

INHALT

1

Loch im Bauch

Die Frage traf mich völlig unvorbereitet, quasi wie ein Blitz aus heiterem Himmel. Thomas, unser Achtjähriger, hatte offenbar nur einen passenden Moment gesucht, seinen Vater um eine klarstellende Antwort zu bitten.

„Papa, wo ist eigentlich Gott?"

Ich muss ihn in diesem Moment wohl ziemlich erstaunt angeschaut haben. Und als wollte er mir aus der ersten Verlegenheit heraushelfen, legte er gleich nach: „Ich wollte das schon länger fragen, aber irgendwie habe ich mich nicht getraut. Weil, wir gehen ja nie in die Kirche, und Mama und du ihr sprecht nie davon. Und im Religionsunterricht in der Schule da redet die Religionslehrerin immer von Gott, Jesus, der Bibel und so. Aber ich verstehe das alles nicht. Und du hast gesagt, ich soll immer fragen, wenn ich etwas wissen will. Also: Wo gibt es Gott?"

Um mir noch ein wenig Luft zu verschaffen fragte ich zurück: „Hast du Mama auch schon danach gefragt?"

„Ja, aber sie hat nur etwas vor sich hingemurmelt. „Irgendwann musste das ja mal   kommen", habe ich verstanden. Aber ich solle damit lieber zu dir kommen."

Im Nachhinein verstand ich das als bewusstes Signal meiner Frau, im Rahmen unserer elterlichen Erziehungsaufgaben endlich auch einmal dieses Thema miteinander zu bereden.

Während sie der Religion und speziell dem christlichen Glauben ganz allgemein noch näher zu stehen schien, war ich eher derjenige, der in der Sache auf Distanz blieb oder sogar eher zum Atheismus neigte. Schließlich habe ich mich als Elektroingenieur viele Jahre intensiv mit Physik und Mathematik beschäftigt. Da geht es nun mal um Klarheit und Plausibilität, um eindeutige Beweise und nachvollziehbare Berechnungen. Alles, naja wenigstens das Allermeiste, ist logisch und wissenschaftlich belegt. Das ist kein Platz für irrationale Behauptungen, für irgendeinen Glauben an übernatürliche Kräfte, an einen Gott, den Himmel oder ein Leben nach dem Tod.

Das sind für einen nüchtern und vernünftig denkenden Menschen des 21. Jahrhunderts ziemlich windige Angelegenheiten. Und ich hielt mich für einigermaßen vernünftig und gebildet...

Da stand ich nun, wollte meinem Sohn eine sachliche Auskunft geben, wusste aber nicht so recht, was ich sagen sollte. Wo fängt man da an? Was ist in dieser Sache letztlich die Wahrheit? Gibt es dabei überhaupt so etwas wie Wahrheit? Sind religiöse Antworten nicht letztlich bloß Meinungen, subjektive Annahmen und Überzeugungen, die sich einer objektiven Überprüfung entziehen? Wie soll man da festen Boden unter die Füße kriegen?

Meine Frau und ich waren zwar beide getauft, hatten in Kindheit und Jugend die üblichen kirchlichen Stationen durchlaufen, Erstkommunion und Firmung, hatten dann aber beide irgendwie den Faden zur Kirche verloren. Die Sache mit Gott, Glaube und der Bibel war uns in ähnlicher Weise fremd und ferngeblieben.

Die Texte und Lieder im Gottesdienst waren eine merkwürdige Fremdsprache, Lichtjahre entfernt von allem, was uns als Jugendliche tagtäglich beschäftigte. Also gingen wir irgendwann auch nicht mehr hin. Diese Zeit konnte man besser nutzen.

In unseren Familien war die Religion ebenfalls kein wirkliches Thema. Meine Mutter wollte zwar ein Kreuz in der Wohnung hängen haben, aber auch sie hielt wohl nicht viel von der Kirche. Der Sonntagmorgen gehörte der Familie. Und an ein Gespräch mit ihr über Glaubensfragen kann ich mich nicht erinnern. Meinen Vater prägte ein tiefsitzendes Misstrauen gegenüber allem, was mit Kirche und Religion zu tun hatte. Für ihn war das von vorne bis hinten nur Lug und Trug und Beutelschneiderei.

Es gehörte gesellschaftlich eben einfach dazu, katholisch oder evangelisch zu sein, zumindest formal. Von meinen damaligen Freunden und Altersgenossen hatte keiner mehr eine nennenswerte Beziehung zur Kirchengemeinde. Und gesprochen darüber wurde auch in diesen Kreisen nicht. Also erhielt das Thema Religion den Stempel „Nebensache", war faktisch sogar eine Art Tabu. Die Kommunikation über den eigenen Glauben wäre dann doch etwas zu intim gewesen. Religion ist schließlich Privatsache. Das sah wohl jeder so.

Und da wir uns nicht sonderlich dafür interessierten, war unser Wissen über die Sache auch mehr als spärlich. Mehr als die üblichen Klischees und gängigen Argumente hätte keiner von uns auf den Tisch legen können.

Der ganze Themenbereich war eben zu abseitig, als dass man dafür mehr Hirnschmalz investiert oder gar mal etwas darüber gelesen hätte.

Soweit ich mich erinnern kann machte da lediglich der Religionsunterricht in den letzten Schuljahren eine rühmliche Ausnahme.

Wir hatten einen ausgesprochen kompetenten und diskussionsfreudigen Reli-Lehrer, der uns ziemlich herausforderte. Ich weiß noch, dass es hitzige Streitgespräche waren, wo jeder offen seine Meinung vertreten durfte. Da gab es reichlich Stoff zum Diskutieren und Nachdenken, doch blieben es meist kleine Strohfeuer für die Dauer des Unterrichtes. Zur Vertiefung fehlte fast immer die Zeit - und der nachhaltige Brennstoff unseres sachlichen Interesses. Von den Inhalten und Argumenten weiß ich natürlich nichts mehr. Es ist schon zu lange her. Nur der Reli-Lehrer ist mir positiv in Erinnerung geblieben.

Seine offene und sogar kirchenkritische Haltung hatte uns damals beeindruckt. Es blieb am Ende der Eindruck übrig, in Fragen der Religion gäbe es noch einiges mehr zu wissen, zu entdecken und zu diskutieren als wir bis dahin gedacht hatten.

Dennoch trieben diese provokanten Impulse über die Jahre bei mir keine Früchte.

Einen letzten sporadischen Kontakt zur Kirche ergab sich vor Jahren beim Tod meines Schwiegervaters und dann natürlich bei der Taufe der Kinder. Ich hatte da eher Bedenken, wollte, dass sich die Kinder später mal selber entscheiden, ob sie Mitglieder der Kirche werden, doch meine Frau und die Schwiegereltern waren eindeutig dafür. Gegen diese Mehrheit kam ich nicht an. Auch später, als Thomas eingeschult wurde, war es unausgesprochen klar, dass er am Religionsunterricht teilnahm. Bis zu dem Moment der Überraschungsfrage hatte sich auch nie ein Gespräch aufgedrängt. Jetzt aber gab es keinen Ausweg mehr, kein Abwimmeln mit einem billigen Spruch. Thomas beschäftigte diese Frage offenbar sehr. Und ich wollte ihm das Gefühl geben, ihn ernst zu nehmen.

Was ich ihm als Erstes geantwortet hatte, weiß ich gar nicht mehr so genau. Es war mehr eine generelle Auskunft - mehr reimte sich für mich in dem Augenblick nicht zusammen. In unserem Land, stotterte ich langsam, gäbe es sehr viele Menschen, die an Gott glauben. Das gehöre zu der Kultur, in der wir leben. Darum gebe es so viele große und kleine Kirchen, wo die Menschen über ihren Glauben sprechen und gemeinsam Feste feiern. Und darum gebe es auch Religionsunterricht in der Schule, damit alle Kinder etwas über die Religion erfahren können.

In der Kirche glauben die Menschen - und nun kramte ich den Rest mitgebrachten Wissens hervor -, dass Gott die Welt erschaffen hat, alles, was es gibt, und dass die Menschen nach dem Tod wieder bei Gott sein werden, wenn sie ein gutes Leben geführt haben.

Auch, dass Gott im Himmel, aber gleichzeitig überall sei, fiel mir noch ein.

Ungefähr so.

Meine Frau fand das nachträglich einigermaßen okay, wenn meine Ausführungen auch nicht unbedingt kindgemäß gewesen seien. Mir selber kamen meine Worte eher hohl und nebelig vor, irgendwie formelhaft und nur zitiert. Jedenfalls war ich nachträglich nicht wirklich zufrieden mit meinem Gestammel. Und vor allem war meine kurze Auskunft nicht original auf meinem Mist gewachsen, da ich mir noch nie wirklich Gedanken darüber gemacht hatte.

Thomas schien damit erstmal zufrieden zu sein. Aber wie ich ihn kannte, würde die nächste Frage bestimmt nicht lange auf sich warten lassen. Daher war es jetzt höchste Zeit für einen elterlichen Austausch. Der ergab sich auch, sogar länger und intensiver als ich vermutet hatte.

Und es tat auch gut, einmal ausgiebig über unsere persönliche Weltanschauung, unsere Werte, Hoffnungen und Zweifel zu sprechen. Doch bei aller Offenheit bemerkten wir beide das offenkundige Defizit an Sachwissen, um einen eigenen Standpunkt angemessen formulieren und mit stichhaltigen Argumenten vertreten zu können.

Was also tun? Die Bibel lesen? Sicher nicht verkehrt, würde aber höchstwahrscheinlich noch mehr Fragen aufwerfen.

Im Buchladen oder Internet nach einer „Einführung in den Glauben" suchen? Welche wäre dazu empfehlenswert? Den Pfarrer unserer Gemeinde fragen? Den kannten wir nicht wirklich, und peinlichen Fragen über unser Fernbleiben wollten wir möglichst entgehen. Meine Frau meinte schließlich, wir beide könnten uns ja das Religionsbuch von Thomas gemeinsam etwas genauer ansehen. Die Idee war gut, aber sie half uns in unserer eigenen Meinungsbildung nicht viel weiter. Außerdem hatte ich weniger Lust aufs Lesen, denn da konnte ich nicht zurückfragen und diskutieren. Ein persönliches Gespräch wäre besser. Und an dieser Stelle fiel mir plötzlich mein damaliger Religionslehrer aus der Oberstufe ein, der sich ja aufs Diskutieren und Erklären verstand.

Um es kurz zu machen: Da er immer noch in der Nähe wohnte, habe ich ihn angerufen. Inzwischen war er pensioniert, doch seine Stimme klang immer noch so fest wie früher. Er freute sich über das unerwartete Lebenszeichen nach so vielen Jahren und lud mich ein, bei ihm vorbei zu kommen.

Schon eine Woche später saßen wir uns gegenüber. Er erschien mir gar nicht so sehr verändert, ein wenig fülliger und grauer war er geworden. Doch sein freundliches Lächeln und seine wachen Augen erinnerten mich sehr an die Zeit in der Schule.

Wir ließen einige Situationen, Namen und Ereignisse aus jenen Tagen Revue passieren bis ich mich mit meinem Anliegen endlich vorwagte.

Das Problem sei gar nicht verwunderlich, meinte er. Viele junge Eltern stünden vor ähnlichen Fragen, da es schon länger keine kontinuierliche religiöse Erziehung in den Familien mehr gebe. Die Eltern seien dann angesichts von entsprechenden Kinderfragen faktisch ratlos. Viele würden in dem Moment das weitergeben, was sie selber in Kindertagen einmal gehört hatten. Das sei bei Weitem nicht ausreichend, damit die die Kinder und Jugendlichen eine eigene Meinung in der Sache bilden könnten. Aber viele Eltern seien eben aus den religiösen Kinderschuhen nie herausgewachsen und blieben folglich mehr oder weniger religiöse Analphabeten.

Das musste auch ich einräumen, sei aber damit nicht zufrieden. Unsere Kinder sollten in ihren Eltern wirkliche Gesprächspartner finden, um in der Auseinandersetzung zu einem ausgereiften Standpunkt zu gelangen. Dazu wollten wir als Eltern aber erstmal selber dazulernen, weil wir schmerzlich festgestellt hätten, für eine kompetente Begleitung unserer Kinder nicht gerüstet zu sein. Deswegen sei ich gekommen, um Rat zu erhalten, quasi etwas Nachhilfe in Sachen Religion zu erbitten.

Er zeigte sich weniger überrascht als erfreut, dass da nun ein ehemaliger Schüler vor ihm saß und Neugier als auch Wissensdurst über Religion bekundete.

Gerne wolle er helfen, meine Fragen so gut es ihm möglich sei zu beantworten, aber das sei natürlich nicht mit einem kurzen Gespräch getan.

Wir sollten uns dafür schon ein wenig Zeit nehmen, damit ich hinreichend Zeit zum gedanklichen Verdauen habe und zugleich mit meiner Frau daheim das Gespräch weiterführen könne - und beizeiten auch mit unserem Sohn.

Dieses großzügige Angebot konnte ich natürlich nicht ausschlagen und sagte dankbar zu. Schon beim nächsten Wiedersehen waren wir beim Du angelangt, was die gemeinsamen Stunden nochmals vertrauter und intensiver machte.

Es entwickelte sich nun eine ganze Reihe von für mich sehr aufschlussreichen Gesprächen, die mich und meine Frau sehr beschäftigt und auch verändert haben.

Und weil ich sicherlich nicht der einzige Elternteil bin, der einmal durch eine Kinderfrage in Sachen Religion mattgesetzt wurde, aber genau dadurch erkannt hat, wie gering das eigene religiöse Wissen und Urteilsvermögen letztlich ist, möchte ich gerne auch andere an unserem Erkundungsweg teilhaben lassen.

Dazu will ich einige der besagten Gespräche mit meinem alten Lehrer so getreu wie möglich wiedergeben. Bei unseren Treffen, die sich über mehrere Monate erstreckten, hatte ich mir immer reichlich Notizen gemacht, damit ich mit meiner Frau das

Besprochene nochmals durchgehen und wir uns unsere eigenen Gedanken dazu machen konnten. Und es ergaben sich dabei meist neue Fragen, die ich dann wieder ins nächste Gespräch mitnahm.

Die nachfolgenden Dialoge entstanden also zunächst auf der Basis meiner Erinnerungen und Aufzeichnungen, wurden dann in einem zweiten Schritt von meinem Gesprächspartner nochmals „begutachtet" und an vielen Stellen sinnvoll und kompetent ergänzt bzw. verbessert und auch um eine ganze Reihe von Zitaten anderer „Fachleute" angereichert. Diese Mühe hatte er gerne auf sich genommen, da er von der Idee, anderen Eltern sowie auch kinderlosen, aber neugierigen Erwachsenen dadurch ebenfalls eine kleine Unterstützung zu bieten, sofort begeistert war. Für das Ergebnis gilt also vor allem ihm der herzliche Dank meiner Familie. Und wenn auch andere Mütter und Väter durch diese Notizen etwas mehr Orientierung gewinnen in Sachen Religion und Glaube, um ihren Kindern bei passender Gelegenheit eine sachgerechte und förderliche erste Auskunft geben zu können, dann freuen wir uns mit ihnen.

2

Wozu brauchen wir so etwas überhaupt?

Wozu brauche ich eigentlich Religion? Ich komme doch auch so ganz gut durchs Leben. Und vermissen tue ich ehrlicherweise dabei auch nichts. Aber wichtiger scheint mir noch ein anderer Grund zu sein, von jeder Religion ganz bewusst Abstand zu halten, nämlich all die weltweiten Konflikte, die immer irgendwie mit einem religiösen Glauben zu tun haben und unsägliches Leid verursachen. Was soll da an Religion noch gut sein? Wären wir nicht besser dran, auf alle Religionen zu verzichten, sie durch vernünftige Aufklärung zu entmachten?

Deine Kritik und Ablehnung ist mir teilweise nachvollziehbar. Es gibt leider zu viel Missbrauch von Religion. Krieg, Mord, Unterdrückung und Verfolgung im Namen eines bestimmten Glaubens dürfen nirgendwo toleriert werden. Sie sind immer fatale Ausgeburten von Intoleranz, Dummheit und Egoismus, letztlich sogar eine Folge von fehlender oder fehlgeleiteter Bildung. An diesen schmerzlichen Auswüchsen in den Religionen gibt es nichts zu beschönigen. Da gebe ich dir völlig Recht. - Aber was wäre denn, nur mal so angenommen, wenn es gar keine Religionen (mehr) gäbe?

Dann gäbe es zumindest keinen Streit mehr wegen des Glaubens. Niemand hätte einen Grund, die eigene Weltanschauung für die absolute Wahrheit zu halten und sie gar mit dem Schwert zu verbreiten oder zu verteidigen. Die Welt wäre dann ein gutes Stück friedlicher.

Vielleicht. Aber denkst Du wirklich - um bei dieser Phantasievorstellung zu bleiben, dass es keine Religionen mehr gäbe - die Menschen würden dann gar nichts mehr glauben?

Vermutlich schon. Das lässt sich wahrscheinlich nicht verhindern. An irgendetwas glauben die Leute ja immer, und sei es der größte Unfug.

Lassen wir erstmal die Inhalte beiseite. Du hast gerade selber angenommen, dass das Thema Glaube nicht einfach aus der Welt zu schaffen ist. Das scheint mir wichtig, denn die ganze Diskussion um Religion und ihren Missbrauch, um Gewalt im Namen Gottes usw. ist mir zu oberflächlich und zu allgemein. Hier wird vieles in einen Topf geworfen, mit einer guten Portion an Unwissen und Vorurteilen angereichert - und am Ende kommt ein ziemlich unverdaulicher Brei heraus, der nicht weiterhilft, weil er nichts wirklich klärt, sondern die unterschiedlichen Auffassungen eher noch zementiert und verschärft. Wir sollten also etwas genauer hinschauen und korrekter fragen.

Wie meinst du das?

Nun, wenn wir die Sache besser verstehen wollen, müssen wir unsere eigenen Vorstellungen und Wahrnehmungen genauer unter die Lupe nehmen. Wir müssen fragen: Worum geht es bei der Sache eigentlich? Was bedeutet es, religiös zu sein? Wie vernünftig ist es, z. B. an Gott und ein Jenseits zu glauben?

Müssen wir überhaupt an irgendetwas glauben? Wozu ist Religion gut? usw.

Du siehst, es gibt eine Reihe ganz grundsätzlicher Fragen, die auftauchen, wenn man sich etwas gründlicher mit Glaube und Religion beschäftigt, und die eine erste Antwort verlangen, wenn man wirklich verstehen will und der eigene Standpunkt am Ende Hand und Fuß haben soll. Verstehst Du, was ich meine?

Ich denke schon. Jedenfalls merke ich, dass ich über manche dieser Fragen noch nie weiter nachgedacht oder mich genauer informiert habe. Das ganze Thema gehörte für mich bisher zu den abgelegten Akten. Jetzt aber, wo ich unserem Sohn eine vertretbare Auskunft in dieser Sache geben soll, werden mir die Wissenslücken erst richtig bewusst. Es wäre wohl gut, wenn wir die ganze Sache etwas systematischer angehen, damit sich in meinem Kopf nicht noch mehr Verwirrung ausbreitet.

Einverstanden. Das macht Sinn. Also versuchen wir erstmal einen großen Kreis zu ziehen und beginnen mit dem Begriff, der alles andere einzurahmen scheint, der Religion. Danach sollten wir mal genauer hinsehen, was Glauben bedeutet und wie der religiöse Glaube sich zum Wissen und zur Wissenschaft in Beziehung setzen lässt.

Ich denke, das kommt vielleicht deiner naturwissen-schaftlich geprägten Einstellung entgegen. Also frage ich mal ganz direkt: Was ist für dich Religion? Was verbindest du damit?

Hmm, erstmal denke ich dabei an Kirche, an Gottesdienste, unsere Trauung, die Taufe unseres Sohnes, ganz allgemein den Glauben an Gott...

Gut, das gehört natürlich alles dazu, mehr oder weniger zentral. Und du hast natürlich in erster Linie einige Stichworte zur christlichen Religion aufgezählt, da sie in unserem Kulturraum immer noch vorherrschend ist, zumindest äußerlich. Aber wir leben heute, auch hierzulande, in einem religiösen Pluralismus. Menschen, die ganz verschiedenen religiösen Traditionen folgen, sind unsere Nachbarn, Arbeits-kollegen und Freunde. Was macht, neben all den Unterschieden zwischen diesen Religionen, deren Gemeinsamkeit aus? Gibt es so etwas wie einen roten Faden, der sie miteinander verknüpft?

19

Dass sie an etwas Höheres glauben, einen Gott, mehrere Götter, dass sie sich an einer heiligen Schrift orientieren, bestimmte Rituale pflegen, ihr Leben an genauen Moralvorgaben ausrichten – und zum Schluss auf ein besseres Leben im Jenseits hoffen. Das scheint mir bei allen irgendwie eine Rolle zu spielen.

Das ist als kurzgefasstes Grundmuster sicher richtig. Jede Religion ist quasi ein Weg, den man gemeinsam geht, indem man einer bestimmten Botschaft folgt.

Du merkst, wir versuchen gerade eine Art Basis-Definition von Religion zu formulieren. Wir müssen nämlich fragen: Wie konnte Religion überhaupt entstehen? Welche Erfahrungen und Beobachtungen liegen dem zugrunde?

Der Schlüssel dazu liegt wohl in ferner Vergangenheit. Aber lässt sich das so genau feststellen?

Soweit wir heute wissen, haben unsere Vorfahren vor ungefähr 100 000 Jahren begonnen, ihre toten Artgenossen rituell zu bestatten, das heißt die Toten wurden bewusst mit verschiedenen Beigaben in die Erde gelegt.

Das Beerdigen wurde in den folgenden Jahrtausenden zu einer typisch menschlichen Verhaltensweise, die wir eben von Tieren nicht kennen. Die Hinterbliebenen standen schon damals vor dem größten Rätsel unserer Existenz: Was geschieht im Tod?

Ist das der absolute Schluss-Strich, die endgültige Auslöschung dieses Individuums, oder „leben" die Toten nun doch „woanders" weiter? Die Grabbeigaben deuten darauf hin, dass sich bereits in der Frühzeit unserer Gattung erste Vorstellungen einer Weiterexistenz gebildet haben.

Und hier liegt vermutlich der ursprüngliche Impuls aller späteren Gestalten von Religion. An der Frage nach Tod und Jenseits hängen nämlich letztlich auch die möglichen Antworten über den Sinn des Daseins und der richtigen Lebenspraxis. Ein komplettes Welt- und Menschenbild entfaltet sich dann aus dieser Grenzerfahrung unserer Endlichkeit. Und klar war auch von Anfang an: Der Tod markiert zugleich die Grenze unseres Erkennens. Wir wissen nicht, was hinter dieser Grenze liegt! An dieser Stelle beginnt immer die Deutung, der Glaube. Das hat sich bis heute nichts geändert.

Also jeder Mensch steht vor der Herausforderung, sich mit der eigenen Sterblichkeit auseinanderzusetzen, der religiöse Mensch als auch ein Atheist. Niemand kommt daran vorbei.

Und wenn das das Kernelement aller Religiosität ist, dann darf man sogar sagen, dass jeder, der sich ernsthaft mit der Endlichkeit des Lebens und der sich daraus ergebenden Sinnfrage beschäftigt, faktisch das Kerngeschäft der Religion betreibt. Ist das für dich nachvollziehbar?

Unter diesem Blickwinkel schon. So habe ich es bisher nur nicht gesehen. Soll das also jetzt eine Art von Definition der Religion sein, Nachdenken über den Tod?

Eine Definition, quasi mit wissenschaftlichem Anspruch, ist das natürlich nicht, so wie du das wohl aus der Physik oder Mathematik kennst. Das Phänomen Religion ist viel zu facettenreich und teils auch widersprüchlich, um es mit einer möglichst griffigen Definition wirklich fassen und gültig beschreiben zu können. Es gibt bislang keine allseits stimmige Formel. Es gibt nur eine Vielzahl von Versuchen, die Sache mit Worten und Begriffen irgendwie auf den Punkt zu bringen, sei es historisch, psychologisch, religions-wissenschaftlich, theologisch oder soziologisch. Jeder Ansatz trifft wohl irgendeine Ecke mehr oder weniger richtig, bleibt aber stets nur ein Puzzleteil. Das Thema Religion gleicht einem großen bunten Garten, in dem so Verschiedenartiges wächst und gedeiht, dass man schnell einsieht, diese farbenfrohe Vielfalt auf einen Nenner bringen zu wollen, ist gar nicht möglich und sinnvoll. Wir sind nur nicht mehr daran gewöhnt, mit einer solchen widerspenstigen und nur unscharf beschreibbaren Wirklichkeit angemessen umzugehen. Das passt nicht recht in ein naturwissenschaftlich-technisches Denkmodell, wie es heute vorherrscht.

Da stimme ich zu. Wenn eine Sache so diffus und schwammig daherkommt, dann macht sie das Verstehen zu einem echten Problem. Mir als Ingenieur bereitet es immer Unbehagen, wenn ich einer Sache nicht logisch und vernünftig auf den Grund gehen kann. Und die Religion gehört offenbar dazu.

> *Das dürfte dir aber auch in anderen Bereichen schon so ergangen sein, und die kann man nicht so einfach beiseitelassen, weil sie ganz zentral ins Leben gehören. Ich denke dabei an so „schwammige" Angelegenheiten wie Liebe, Freundschaft, Partnerschaft, ja überhaupt die Begegnung mit anderen Menschen. Hier gibt es auch keine anwendbaren Formeln und Definitionen, die uns die Praxis spielend einfach machen würden. – Es wäre auch schlimm, wenn es die gäbe. Die wirklich wichtigen Dinge des Lebens funktionieren eben nicht wie Mathematik.*

Aber das heißt ja nicht, dass es in diesen Dingen keine Erkenntnisse gibt, keinerlei Erklärungen und Einsichten, was sie bedeuten, wie man dabei etwas richtig oder falsch machen kann.

> *Das ist nicht zu bestreiten. Aber alles, was mit zwischenmenschlichen Beziehungen zu tun hat, mit deren Gelingen oder Scheitern, bleibt im konkreten Fall immer eine originäre Erfahrung, aus der wir vielleicht etwas lernen, um Fehler und Dummheiten möglichst nicht zu wiederholen.*

23

Dennoch beschert uns jeder Tag neue Begegnungen und Erfahrungen – als neue Herausforderungen.

Wir bleiben darin auch nicht nur auf unsere eigenen Erfahrungen angewiesen, sondern können auch auf den Erfahrungsschatz anderer Menschen zurückgreifen. So lernt euer Sohn eine ganze Menge von seinen Eltern.

Ihr gebt ihm eure Lebenserfahrung mit auf den Weg, damit er davon profitieren kann. Das nennt man Kultur. Wir leben stets auch von den Einsichten, die andere Menschen vor uns herausgefunden haben. Über Freundschaft und Liebe sind schon einige gute Bücher geschrieben worden, aus denen man etwas lernen kann. Aber diese „Übertragung" ist nur in einem beschränkten Maße möglich. Viele erfreulichen und auch leidvollen Erfahrungen müssen wir zwangsläufig im Original verbuchen. Wie sich ein Stromschlag oder der erste Kuss anfühlt, könnt ihr eurem Sohn nicht mit noch so vielen Worten erklären. Er wird irgendwann selber „wissen", wie das ist. Gerade für Eltern ist es oft schwer, dem eigenen Kind die Erfahrungen von Schmerz, Leid und Trauer nicht ersparen zu können.

Worauf ich aber eigentlich hinweisen möchte, ist die Tatsache, dass die Bewältigung der wirklich wichtigen Dinge im Leben, nämlich die existenziellen Fragen nach

24

Tod, Liebe, Schuld, Freiheit, Leid, Glück, Gerechtigkeit, Sinn usw. weniger durch äußerliches Faktenwissen gelingt, sondern durch gemeinsam interpretierte Erfahrungen. Es geht um ein „Lebenswissen", das jeder Einzelne subjektiv für sich erarbeitet. Da wir als Menschen aber wesentlich auf Gemeinschaft und Kommunikation angewiesen sind, teilen wir unsere Erfahrungen, um uns gegenseitig zu helfen. Sie bekommen dadurch einen gewissen Charakter von „Objektivität".

Das ist natürlich eine andere Art von Objektivität als die, die du aus der wissenschaftlichen Sprache kennst. Die intersubjektiven „Wahrheiten" über die Welt und das Leben sind der eigentliche Brunnen aus dem wir schöpfen, um den Alltag zu bestehen. Wir interpretieren ständig uns selbst, die Mitmenschen, die Situationen, um uns darin zurecht zu finden, uns einen Reim auf alles machen zu können. Um dieses Nachdenken und Einfühlen kann sich niemand wirklich drücken. Es ist das Strickmuster unseres Lebens. Nichts Anderes ist schließlich das Anliegen der Religion. Sie deutet den Sinn und Zweck des Daseins angesichts der allumfassenden Vergänglichkeit. Darum „brauchen" wir nicht nur die Religion, wir praktizieren das, was sie im Kern meint, schon immer in unserem Alltag, mehr oder weniger bewusst, näher oder ferner zum Kontext der etablierten Kirchen und Religionen.

Wenn man also Religion so versteht, dann ist jeder Mensch irgendwie „religiös", wenn er sich mit den genannten Lebensfragen herumschlägt. Das ist aber nicht gerade das verbreitete Verständnis von Religion. Und es wird auch nicht jedem schmecken, für religiös gehalten zu werden, gerade wenn man sich ganz bewusst von solchen Bekenntnissen und Organisationen distanziert, sich sogar als Atheist versteht.

Klar. Aber es geht mir nicht darum, den Religionskritiker, den vermeintlich Ungläubigen, hinterlistig zu vereinnahmen. Im Gegenteil. Viele der vorgebrachten Argumente – vor allem gegenüber der Kirche – kann ich nachvollziehen, teile sogar manche davon.

Zu klären ist aber immer, welches Verständnis von Religion oder Kirche liegt der Kritik zugrunde. Wogegen wird da gekämpft?

Der Begriff der Religion ist dann weniger wichtig als die gemeinte Sache. Und wenn wir das fundamentale Anliegen der Religion gemeinsam im beschriebenen Sinne verstehen, liegen die Standpunkte vielleicht gar nicht so weit auseinander. Dann kann ein konstruktiver Dialog über die Existenzfragen beginnen...

Gut, dass Religion nicht mit Kirche gleichzusetzen ist, habe ich jetzt verstanden. Und auch, worum es allen Religionen im Grunde geht. Damit wird mir die Sache schon etwas verständlicher und vertrauter. Danke für diesen ersten Einblick.

Mit anderen Worten…

Religion ist Ausdruck einer Ahnung, dass hinter dem sinnlich Wahrnehmbaren, hinter Körper und Geist des Menschen, hinter dem Ich und seinem Bewusstsein, noch „etwas", noch ein „mehr" sein muss. Religion stellt sich dar in Worten, Zeichen und Gesten, in Lied und Tanz, in Meditation und Gebet, in heiligen Schriften, Orten, Personen und Handlungen. Religion spielt hinein in menschliches Ethos und Recht, in Kultur und Brauchtum, in Kunst und Wissenschaft. Auch unsere scheinbar religionslose Zeit und Welt hat daran nichts geändert; sie hat den Phänomenen allenfalls andere Namen gegeben, hat sie als weltliche, diesseitige getarnt und verschleiert.
Norbert Scholl: Was der christliche Glaube will, München 1988, 29-33 (gekürzt)

****

Religiosität ist ja keineswegs identisch mit dem Glauben an einen Gott. Vielmehr ist Religion das Durchdenken und Durchleben des Verhältnisses zu unserer Endlichkeit. Erklärte Atheisten mögen die Sorge um die Welt nach ihrem Tod vielleicht nicht als „religiös" bezeichnen, aber sie haben diese Sorge trotzdem. Wenn nun der Ausdruck „Religion" stört, verstört oder vor den Kopf stößt, so kann man vielleicht auf das Wort verzichten.
Wie auch immer: Mit der eigenen Endlichkeit müssen sich auch Atheisten auseinandersetzen. Auch sie transzendieren [= überschreiten] gedanklich immer den eigenen Tod. Der Natur des Menschen entspringt die gedankliche Notwendigkeit, sich mit den Eigenheiten dieser Natur zu beschäftigen: z. B. mit der Eigenheit seiner Endlichkeit. Wir sterben nicht nur, wie alle Lebewesen; wir wissen, dass wir sterben. Und diesem Wissen muss man sich stellen. Religion heißt zuallererst, sich diesem Wissen zu stellen. Und in diesem Sinne sind alle Menschen religiös.
Volker Ladenthin: Zweifeln, nicht verzweifeln! Warum wir Religion brauchen, Würzburg 2016, 22f

****

Dem Menschen kann nämlich alles zur Religion werden: die Liebe, die Kunst, die Politik, der Fußballsport oder sonst eine Leidenschaft. Das nennt man dann Ersatzreligion. Offensichtlich kann der Mensch nur existieren, wenn er von Herzen an etwas glaubt.
Religion ist die stärkste erzieherische Kraft in der Menschheitsgeschichte. In den Religionen sind letztlich alle fundamentalen Werte begründet, die eine Gesellschaft zusammenhalten. Denn die zeitlose Mission der Religion liegt ja gerade darin, die ganze Welt zu einer besseren Welt zu machen. Seid gut, seid freundlich, hilfsbereit, mitfühlend, seid ehrlich und sittsam! Das rufen alle Religionen dem Menschen zu. Das Tragische an der Religion ist leider, dass ihr Ruf oft missverstanden und ins genaue Gegenteil verkehrt wird. Die Religionen sind also angetreten, die bösen Kräfte im Menschen zu bezwingen, ihm Wege zum persönlichen Frieden und zum Frieden mit seinen Mitmenschen aufzuzeigen.

Gerhard Staguhn: Wenn Gott gut ist, warum gibt es dann das Böse in der Welt? Fragen an die Religion. Hanser, München 2006, 19-24 (Auszug)

****

Wie ich den Begriff »religiös« hier verwende, bezeichnet er weder ein System, das notwendigerweise mit einem Gottesbegriff oder mit Idolen operiert noch gar ein System, das den Anspruch erhebt, eine Religion zu sein, sondern jedes von einer Gruppe geteilte System des Denkens und Handelns, das dem einzelnen einen Rahmen der Orientierung und ein Objekt der Verehrung bietet. In diesem eingefassten Sinn ist in der Tat keine Gesellschaft der Vergangenheit, der Gegenwart und selbst der Zukunft vorstellbar, die nicht »religiös« wäre. Diese Definition von »religiös« sagt nichts über den spezifischen Inhalt aus. Objekt der Verehrung können Tiere oder Bäume sein, Idole aus Gold oder Holz, ein unsichtbarer Gott, ein Heiliger oder ein diabolischer Führer; die Vorfahren, die Nation, die Klasse oder Partei, Geld oder Erfolg.

Erich Fromm, Haben oder Sein. Die seelischen Grundlagen einer neuen Gesellschaft, Stuttgart 1976, S. 133-136 (Auszug)

****

Jede Religion muss die recht verstandene Freiheit der Menschen fördern. Gewiss kennt jede Religion Ordnung und Bindung an ethische Normen und religiöse Weisungen. Auch gehören Gehorsam und Gemeinschaftsverpflichtung zu jeder Religion. Aber ein maßgeblicher Beweggrund für jede Religion besteht in der Überwindung der Bevormundung und in der Förderung wahrer Freiheit zu einem guten Leben. Die eigene Kritik- und Denkfähigkeit muss gefördert und vertieft werden. Jede Religion möchte dem einzelnen Menschen und den religiösen Gemeinschaften zum Finden eines unverlierbaren Lebenssinnes und auch zu einer letzten Geborgenheit verhelfen. Sie macht die Menschen nicht weltflüchtig, sondern hilft ihnen, die Gefährdungen dieses Lebens zu bestehen und an ihnen nicht zu zerbrechen.
Karl Kardinal Lehmann, NZZ 31.03.2006

****

3

Mit dem anderen Auge sieht man mehr

Mir ist beim letzten Mal deutlich geworden, wie eingeschränkt meine Perspektive zum Phänomen Religion bisher war. Der begrenzte Blick auf die eigenen kirchlichen Erfahrungen verstellt wohl gleichzeitig die Wahrnehmung des großen Ganzen.

> *Das geht vermutlich vielen Menschen so. Aber du solltest diese kirchlichen Gestalten zur Begegnung mit der Dimension des Religiösen nicht geringschätzen. Sie sind wichtige Eingangstore für eine andere Sicht der Welt und des menschlichen Lebens. Ich meine damit vor allem die Sakramente, von der Taufe bis zur Krankensalbung. Sie sind ja nur auf dem Hintergrund des christlichen Glaubens richtig zu verstehen und bilden konkrete Ausdrucksformen einer bestimmten Glaubensperspektive.*

Ja, das ist der Punkt, wo mir wieder der Durchblick fehlt. In allen Religionen geht es ja letztlich um irgendeinen Inhalt, der da geglaubt wird. Und als nüchtern und realistisch denkender Mensch stehe ich immer etwas ratlos und verblüfft da, wenn ich andere von ihrem Glauben reden höre.

Das klingt manchmal so sicher und selbstbewusst, dass ich mich dann frage, woher sie diese Gewissheit nehmen, dass das alles so stimmt, was sie aus ihren „Heiligen Schriften" zitieren oder was sie von einer amtlichen Autorität kritiklos zu übernehmen scheinen, sei es der Pfarrer, der Bischof, der Papst, der Imam oder sonstwer, dem unterstellt wird, die absolute Wahrheit zu kennen.

Das schreckt mich erstmal ab und lässt mich lieber an meinem gesunden Menschenverstand und den Ergebnissen der Wissenschaft festhalten.

> *Gut, also reden wir mal über den Glauben. Wenn ich recht verstehe, ist das für dich eine ziemlich windige Sache, die mit vernünftigem Denken nicht viel gemeinsam hat, weil sie hauptsächlich unbewiesene oder gar irrationale Behauptungen transportiert. Richtig?*

So hätte ich es auch sagen können. Was mich stutzig macht, ist die Neigung, so bereitwillig den Boden eines klaren, nachvollziehbaren Denkens zu verlassen und etwas anzunehmen, das quasi im luftleeren Raum hängt.

> *So erscheint es dir. Aber die Sache ist eigentlich gar nicht so unvernünftig, ich möchte sogar behaupten, sie ist viel natürlicher und alltäglicher als du meinst.*

Jetzt bin ich aber gespannt…

Denk mal an deinen letzten Besuch beim Hausarzt.

Okay, da war ich erst vor wenigen Wochen. Knie-Probleme.

Nun, was ist da passiert? Du hattest irgendwelche Beschwerden, er hat dich untersucht und hat dir dann etwas dazu gesagt, seine Diagnose. Dann hat er dir eventuell noch ein Medikament verschrieben und dir einen guten Rat für die weitere Genesung gegeben.

Ja, so etwa ist es abgelaufen. Aber was hat das damit zu tun?

Ganz einfach. Du hast sicherlich seiner Diagnose geglaubt.

Natürlich, er ist schließlich der Fachmann. Wieso sollte ich ihm nicht glauben?

Und du hast genauso geglaubt, dass dir das verschriebene Medikament helfen wird.

Das hat es auch. Die Beschwerden waren nach wenigen Tagen verschwunden. – Aber ich verstehe immer noch nicht. Das hat doch nichts mit religiösem Glauben zu tun.

Natürlich nicht. Ich möchte auch im ersten Schritt deinen Blick nur auf die ganz unscheinbaren Formen unseres Alltags-Glaubens lenken, die wir gar nicht vermeiden können, selbst, wenn wir wollten.

Du hast es gerade selber bestätigt: Der ärztlichen Diagnose hast du geglaubt, weil er in diesem Falle die Kompetenz besitzt, das Problem zu erkennen und etwas dagegen zu tun. Einen Beweis für die Wahrheit seiner Diagnose hattest du in diesem Moment nicht. Du wolltest und musstest ihm glauben. Das bedeutet einen ziemlichen Vertrauensvorschuss. Und an diesem Glaubenmüssen führt kein Weg vorbei.

Anderes Beispiel: Wenn euer Sohn dich etwas fragt, weil er etwas nicht kennt und versteht, du ihm dann eine Erklärung gibst, wird er deine Worte normalerweise für bare Münze nehmen. Deine Autorität als Vater garantiert ihm quasi die Wahrheit deiner Auskunft.
Oder wenn deine Frau sagt, dass sie dich liebt, wirst du ihr wohl glauben, ohne jeden Beweis.

Aber das spüre ich, jeden Tag, aus ihrem ganzen Verhalten…

Das ist aber genau, was ich meine. Du interpretierst die Aussage auf dem Hintergrund eurer Beziehung und der langen gemeinsamen Erfahrungen miteinander.

Du weißt *in diesem Augenblick einfach, dass du ihr das glauben kannst. Einen objektiven Beweis brauchst du gar nicht. Die Wahrheit liegt hier auf einer anderen Ebene, die gar keinen äußeren Nachweis verträgt, weil es um zwischenmenschliche Beziehungen geht, die fundamental vom Vertrauen leben.*

Das ist und bleibt immer eine leicht zerbrechliche Brücke des Miteinanders. Wenn nämlich die Vertrauensbasis erstmal beschädigt oder gar zerstört ist, nützen auch alle vorgebrachten Fakten und Beweise nichts mehr. Sie werden zwangsläufig auf Ablehnung stoßen oder wenigstens vom Zweifel aufgrund einer enttäuschenden Erfahrung angenagt.

Wahrheit und Vertrauen sind unsere wichtigste Währung, zu anderen Menschen als auch gegenüber Tieren. Sogar im Verhältnis zu uns selbst.

Das kann ich gut nachvollziehen. Darüber habe ich mit meiner Frau auch schon oft gesprochen, wobei mir durch sie einiges erst klarer geworden ist. – Auch die, wie du sagst, Glaubensbereitschaft unseres Sprösslings erstaunt mich immer wieder. Ich könnte ihm auch erzählen, dass auf dem Mond noch Dinosaurier leben. Er würde es mir vermutlich abnehmen, wenn ich es ernsthaft genug vortrage.

Diese Möglichkeit, Kinder bereits in frühen Jahren mit falschen Informationen oder fragwürdigen „Wahrheiten" zu füttern, sei es bewusst oder gedankenlos, erschreckt mich in solchen

Momenten zutiefst. Mir wird dann schlagartig klar, welche Verantwortung wir Eltern und alle anderen Erwachsenen gegenüber den Kindern haben. Mit dem, was sie von den „Großen" gutgläubig übernommen haben, können sie für ihr gesamtes Leben geschädigt werden.

Ich denke dabei vor allem an rassistische Vorurteile, die Rollenbilder über Frauen und Männer oder auch an extreme religiöse Positionen. Deshalb bin ich ja hier, um Thomas künftig in Sachen Religion einigermaßen korrekt antworten zu können.

> *Da bin ich voll auf deiner Seite. Es ist leider nicht selbstverständlich, dass Eltern sich um ihre eigene weltanschauliche oder ethische Bildung nachhaltig bemühen, damit sie für ihre Kinder in jedem Alter kompetente Gesprächspartner sein können. Oft wird diese Aufgabe leichtfertig an den Kindergarten und später an die Schule delegiert. Aber dort kann nicht wirklich aufgefangen werden, was im Elternhaus leider nicht geleistet wurde, aus welchem Grunde auch immer. Wenn den Kindern nur das vermittelt wird, was man selber einmal in eigenen Kindertagen darüber gehört hat, oder man ihnen z. B. den eigenen atheistischen Standpunkt als einzig vernünftige Haltung dazu einimpft, dann hat das mit erzieherischer Verantwortung nichts mehr zu tun. Da geht es mehr um Unwissenheit, Dummheit oder ideologische Scheuklappen.*

Jedenfalls dient es nicht der Förderung kritischen Denkens und einer sachbezogenen Meinungsbildung. Es gibt auch im Bereich von Glaube und Religion ein Erwachsenwerden.

Dass es auch beim Thema Glaube so etwas wie eine Reifung gibt, wird mir langsam plausibel. Aber dass der religiöse Glaube sogar das kritische Denken fördern will, ist auch für mich ein ungewohnter Gedanke. Bisher dachte ich immer, der Glaube fängt da an, wo das Wissen aufhört und man sich einfach willkürlich für die Annahme einer übersinnlichen Dimension entscheidet. Das kommt mir ziemlich irrational vor und sorgt darum erstmal für ein grundlegendes Unbehagen.

Den Glauben als Ersatz für belegbares Wissen zu verstehen, war früher ein übliches Denkmuster. Das wird der Sache aber nicht wirklich gerecht. Ich möchte daher den oben begonnenen Gedanken des unvermeidlichen Vollzugs von Glaubens im alltäglichen Leben gerade noch um eine Facette ergänzen. Er findet nämlich nicht nur seinen faktischen Platz im zwischenmenschlichen Bereich, sondern auch hinsichtlich unseres Umgangs mit materiellen Dingen und sachlichen Vorgängen. Auch darin sind wir ständig viel „gläubiger" als uns bewusst ist.

Wieso? Was ich sehen und anfassen kann, das sind doch feststehende Fakten, über deren Wahrnehmung doch gar keine Frage aufkommen kann. Wo soll da das Glauben einen Grund haben?

Ich nenne nur mal ein paar kleine Beispiele:

- *Dass dein Knieproblem dauerhaft gelöst ist, kannst du nur glauben.*
- *Als du dich eben daheim ins Auto gesetzt hast, konntest du nur vorab nur glauben, dass der Motor auch springt.*
- *Wenn du mit Bus oder Bahn fährst, glaubst du selbstverständlich dem Fahrplan.*
- *Den Nachrichten in Rundfunk, Fernsehen oder Zeitung wirst du immer erstmal glauben müssen.*
- *Dass dein Herz noch viele Jahre weiterschlägt und alle deine Organe ihren regulären „Dienst" tun, kannst du kaum beeinflussen, du glaubst es einfach.*
- *Als du gestern Abend eingeschlafen bist, hast du ohne jeden Zweifel geglaubt, am Morgen wieder aufzuwachen.*

Diese Liste könnten wir fast endlos fortsetzen. In den ganz fundamentalen Angelegenheiten unseres Lebens sind wir auf ein weitreichendes Vertrauen zu den Mitmenschen und allen natürlichen Abläufen angewiesen. Und >vertrauen< und >glauben< dürfen wir hier ruhig gleichsetzen.

Okay, okay. Ich sehe schon, mit meiner grob-äußerlichen Einschätzung war ich gedanklich klar im Abseits. Wenn ich das also richtig verstehe, dann spielt das Glauben im täglichen Leben eine maßgebliche Rolle, über die wir uns meist nur nicht im Klaren sind.

Es hat für mich jetzt sogar den Anschein, dass dem Glauben eine größere Bedeutung zukommt als dem Wissen. – Aber nochmal: den Zusammenhang zwischen diesem „Alltagsglauben" und dem Glauben im religiösen Sinn kann ich noch nicht richtig erkennen.

Nun, ich würde Glauben und Wissen nicht in einen solchen Gegensatz bringen. Alles Wissen, das uns vor allem die Naturwissenschaften bescheren, ist von enormer Wichtigkeit, wenn wir beispielsweise an die Physik oder die Medizin denken. Diese Erkenntnisse haben uns etwa den Kühlschrank und den Computer ermöglicht, viele Krankheiten besiegt, Mobilität und Kommunikation erheblich gesteigert sowie unsere Lebensdauer verlängert. Aber all dieses Wissen klärt uns noch nicht darüber auf, wie wir unser Leben richtig gestalten sollen, wie wir verantwortlich handeln können, welchen Sinn das Ganze hat, ob mit dem Tod wirklich alles aus ist usw.

Die Antworten darauf stehen in keinem Physik- oder Biologie-Lehrbuch. Zugleich spüren wir aber, dass wir diese Fragen und Herausforderungen faktisch immer wieder neu bewältigen müssen.

Dazu brauchen wir ein zweites Auge, das uns diese tiefergreifende Dimension des Lebens wahrnehmen hilft. Das ist schon seit Jahrtausenden das Bemühen der Philosophie und der Religionen.

Das Nachdenken über die existenziellen Themen bildet ja nicht die Konkurrenz oder Alternative zur wissenschaftlichen Erarbeitung von Erkenntnissen wie die Natur funktioniert, vom Aufbau einer Zelle bis hin zu den Umlaufbahnen der Planeten. Man könnte besser von einer sinnvollen gegenseitigen Ergänzung sprechen.

Wie Einstein einst bemerkte: Wissenschaft ohne Religion ist lahm, Religion ohne Wissenschaft ist blind.

Trotzdem habe ich ein Problem damit: Auf solche Fragen nach Sinn, Gerechtigkeit, Wahrheit usw. gibt es aber doch keine klaren Antworten, die für jeden und immer gelten. Das ist doch rein subjektiv. Was der Sinn des Lebens ist, wird doch jeder anders sehen. Frage ich zehn Leute, was sie für gerecht halten, bekomme ich sicherlich mehrere und widersprüchliche Vorstellungen präsentiert. Und ob es ein Leben nach dem Tod gibt, bleibt genauso nebulös.

Der Eine glaubt an Himmel und Hölle, der Nächste ist von der Seelenwanderung überzeugt, ein Anderer wird mir logisch erklären, dass diese Jenseitsvorstellungen alle Unfug seien, da das Leben doch faktisch auf dem Friedhof ende und das alles sowieso ohne jeden Beweis bleibe. – So ähnlich denke ich eben auch.

Ich merke schon, da spricht der Elektroingenieur! Eindeutig, klar und beweisbar sind allein die Resultate der Naturwissenschaft, alles andere ist private Meinung, über die man nicht vernünftig streiten kann, weil da nur sehr eigenwillige Positionen und abgehobene Argumente aufeinandertreffen. Diese Sichtweise ist leider häufig anzutreffen.

Offensichtlich müssen wir ein wenig genauer hinschauen, was einerseits die Bedeutung der Subjektivität, andererseits die Objektivität der Naturwissenschaft angeht.

Also erstmal zur subjektiven Erkenntnis.

Du hast eben gesagt, dass du die Liebe deiner Frau unmittelbar spüren kannst. Das ist natürlich eine sehr subjektive Interpretation dessen, was sie sagt oder tut. Dennoch würdest du es vermutlich sogar so ausdrücken, dass du weißt, dass deine Frau dich liebt. Hier erhält die Subjektivität dieser Wahrnehmung schon eine quasi objektive Färbung. Es ist für dich eine Wahrheit, die du nicht anzweifelst, aus guten Gründen. Generell darf man zugespitzt festhalten, dass zwischen Personen weithin ein subjektives Wahrnehmen und Beurteilen vorherrscht. Wenn du z. B. eine neue Bekanntschaft machst, stellen sich innerhalb von Sekundenbruchteilen Gefühle von Sympathie oder Antipathie ein.

Ganz subjektiv, fast irrational, denn du weißt in diesem Moment noch nichts über diese andere Person. Und es wird dir auch unklar bleiben, wieso du diesen Menschen spontan unsympathisch findest. Da spielt unser Unterbewusstsein die entscheidende Rolle. Herr A. kann sich später als ein durchaus netter Kerl erweisen, deine Wertung ging aber erstmal in die andere Richtung. Mit solchen Vor-Urteilen sind wir alle behaftet. Bei ihnen stehen zu bleiben, kann zu fatalen Konsequenzen führen. Denk nur mal an entsprechende Benachteiligungen aufgrund von Abstammung, Haut-farbe, Geschlecht usw.

Noch kurz ein anderes Beispiel, wo die Suche nach der objektiven Wahrheit leicht an ihre Grenzen stößt: Ein schwerer Verkehrsunfall wurde von vier Zeugen beobachtet. Vor Gericht beschreibt jeder, wie sich das Unglück ereignet hat. Leider unterscheiden und widersprechen sich die Zeugenaussagen in wichtigen Details. Wie soll man nun herausfinden, was wirklich passiert ist? Jeder Zeuge wird beschwören, dass seine Schilderung der Wahrheit entspricht.
Und das ist nicht gelogen. Auch bei den anderen Beobachtern nicht. Aus diesem Zirkel gibt es bedauerlicherweise kein Entrinnen. Die einzige Quelle für die Wahrheit sind vier subjektive Aussagen, und jeder Zeuge macht einen sehr glaubwürdigen Eindruck.
- Stell dir vor, du wärst der Richter…

Das ist ein echtes Dilemma. Da wüsste ich auch nicht, wie ich entscheiden sollte. Über den Unfall gibt es zweifellos eine faktische Wahrheit, die nur nicht mehr rekonstruierbar ist. Offensichtlich ist die subjektive Sicht manchmal eine voreilige, einseitige und sehr begrenzte Perspektive, in anderen Fällen ist sie die einzige, die zur Verfügung steht. Und die Übergänge sind wahrscheinlich fließend. Das macht sie Suche nach der sogenannten Wahrheit nicht gerade einfacher. – Da bewege ich mich doch im Rahmen von Wissenschaft und Technik wenigstens auf festem Boden.

Im Prinzip ja. Aber wir können vielleicht an dieser Stelle festhalten, dass eine subjektive Erkenntnis durchaus Anspruch auf Gültigkeit beanspruchen darf und eventuell auch gar nicht durch eine „bessere" objektive Wahrheit abgelöst werden kann. Ob du z. B. ein guter Vater, Ehemann oder Freund bist, ob ich ein guter Lehrer war, bleibt das subjektive Werturteil anderer Personen. Und jeder wird für sein Urteil entsprechende Gründe anführen. Eine objektive Wahrheit gibt es da nicht.

Was die wissenschaftliche Objektivität und Wahrheit angeht, so ist das zwar nicht falsch, bleibt aber eine recht oberflächliche Betrachtungsweise. Klar, wenn jetzt hier plötzlich alle Lampen ausgehen, wirst du als Fachmann wohl bald den Fehler gefunden und behoben haben.

Aufgrund der verfügbaren Sachkenntnis physikalischer Prozesse, basierend auf den bekannten Naturgesetzen, lassen sich viele Ereignisse exakt nachvollziehen, sogar vorhersagen und unabhängig von subjektiven Auffassungen immer wieder zweifelsfrei belegen.

Dennoch kennt auch die Geschichte der Wissenschaft den immerwährenden Kampf um die Wahrheit, d. h. die korrekte Erklärung der Welt. Wie wir uns und die physikalische Welt sehen, ist ja nicht nur vom jeweils aktuellen Wissensstand abhängig, sondern ebenso von den Denk- und Sehgewohnheiten der Kultur, in der wir aufwachsen. Wir sprechen dann von einem „Weltbild".

Hast du dafür mal ein Beispiel?

Natürlich.
Bis vor etwa 500 Jahren galt es als unumstößliche Gewissheit, dass die Erde im Mittelpunkt des Universums liegt und dass alle Himmelskörper folglich um die Erde kreisen. Also bewegt sich auch die Sonne um die Erde, so belegt schon der unmittelbare Augenschein. Kopernikus, Kepler und Galilei haben die Welt dann eines Besseren belehrt, wenn es auch ein paar Generationen dauerte, bis sich das neue Weltbild durchsetzen konnte. –

Wer also auf die direkte Beobachtung allein vertraut, müsste auch heute noch behaupten, dass sich die Sonne um die Erde bewegt.

Oder: Bis vor rund 100 Jahren bestand das gesamte Universum nach allgemeiner Auffassung allein aus der Milchstraße und wurde als ewig und unveränderlich beschrieben. Heute wissen wir es besser.

Oder: Der griechische Philosoph Demokrit lehrte vor fast 2500 Jahren, dass alle Materie aus kleinsten Bausteinen, den Atomen, aufgebaut sei. Diese seien die nicht mehr teilbare Basis aller natürlichen Objekte. Seit dem 20. Jahrhundert kennen wir nicht nur die Kernspaltung, wir haben auf der subatomaren Ebene noch weitere erstaunliche Entdeckungen gemacht. Wo die unterste Grenze der materiellen Welt liegt, wissen wir inzwischen nicht mehr so genau.

Ein schönes Beispiel für die revolutionäre Veränderung einer vorherrschenden Denkform ist die Quantenphysik. Zu Beginn des 20. Jahrhunderts dachte man, Licht würde sich in Wellenform ausbreiten, musste dann aber feststellen, dass es sich bei anderen Messmethoden ebenso in Teilchenform präsentierte. Im geläufigen Entweder-Oder-Modell blieb das unerklärlich, aber die jeweiligen Beobachtungen waren Fakt. Die Lösung lag also in Richtung eines Sowohl-als-Auch-Modells, einer sogenannten Komplementarität.

Das passt natürlich nicht zur Physik unserer normalen Alltagswahrnehmung: Entweder bin ich am Ort A oder am Ort B. Beides gleichzeitig geht nicht, in der Welt der Atomteilchen schon.

Ja, ich erinnere mich, dass wir das in Physik einmal behandelt haben. Wenn das auch jeweils einen radikalen Umbruch im Denken verursachte, so standen die neuen Erkenntnisse aber schließlich als bewiesene Tatsachen fest und ergaben eine verbesserte Erklärung der Welt. Wissenschaft ist schließlich ein offener Prozess, der uns immer wieder neue Einsichten in die Wirklichkeit beschert, also zum Umdenken zwingt. Ich finde es toll, wieviel mehr wir heute wissen als unsere Vorfahren, die einst die Erde für eine Scheibe gehalten haben.

Wie gesagt, die Erfolge der Wissenschaft sollen auch nicht bestritten werden, zumal wir in der Regel alle davon profitieren. Trotzdem müssen wir den Charakter wissenschaftlicher Erkenntnisse richtig einordnen, um zu verstehen, warum sie uns nur ein begrenztes Fenster in die Wirklichkeit öffnet. Die elementare Frage lautet nämlich: Wie arbeitet ein Naturwissenschaftler? Welche Methoden nutzt er dazu? Wo liegt die Grenze der Forschung für einen Physiker, Chemiker oder Biologen? Kurzgefasst: Einen Naturwissenschaftler interessiert prinzipiell nur das, was man messen, zählen und wiegen kann.

Darauf sind alle Methoden und Instrumente ausgerichtet, vom gigantischen Teilchenbeschleuniger bis zum Weltraumteleskop. Diese methodische Beschränkung wissenschaftlicher Forschung klammert konsequent alles aus, was man unter den genannten Bedingungen nicht untersuchen kann, beispielsweise die Frage nach Gott. Das nennt man den „methodischen Atheismus" der Wissenschaft, was nicht negativ gemeint ist.

Erst durch eine derartige Beschränkung konnte die Naturwissenschaft zu einer solchen Erfolgsgeschichte werden.

Dann besteht, wenn ich richtig verstehe, sachlich eigentlich gar kein Grund, die Naturwissenschaft und Religion als Gegensätze zu beschreiben, zwischen man denen sich alternativ entscheiden müsste.

Völlig korrekt, wenigstens unter der Voraussetzung, dass man beide Bereiche in ihrer Eigenart und Begrenzung sachgerecht gelten lässt. Ein Physiker kann in seiner Rolle als Wissenschaftler über Gott keine Aussage machen, er kann als Mensch dennoch ein Gläubiger sein. Das ist kein Widerspruch. Wissenschaft und Religion stellen unterschiedliche Fragen an die Wirklichkeit und schöpfen aus ganz unterschiedlichen Quellen.

Das ist es, was ich womöglich mehr schlecht als recht zu umschreiben versucht habe. Wissen und Glauben sind keine Konkurrenten im Streit um die Wahrheit über das Leben und die Welt. Sie sind eher wie ein Augenpaar, zweierlei Fenster in die Wirklichkeit. Erst, wenn wir beide „Ausblicke" in die Welt hinreichend nutzen und darüber nachdenken, entdecken wir mehr von dem, was wir Wirklichkeit nennen. Wir brauchen nicht nur beide Perspektiven, ich denke, wir praktizieren deren Miteinander schon immer im Umgang mit Menschen und Dingen.

Ich hoffe, das ist ein wenig deutlicher geworden…

Ich denke schon. Jedenfalls bin ich dankbar für deine hinführenden Erläuterungen, die meine bisherige Sichtweise in Sachen Religion und Glaube grundlegend korrigiert haben und mir nun ein erweitertes Verständnis erlauben.

Worüber wir nun die ersten Male gesprochen haben, sind, wenn ich richtig sehe, ja ganz allgemein formulierte Umrisse des Phänomens Religion, die fundamental für jede der existierenden Religionen gelten. So wichtig dieser große Rahmen ist, so sind wir damit aber noch nicht beim christlichen Glauben angekommen. Vielleicht können wir beim nächsten Mal da mal einsteigen.

Gerne. Dann habe ich dazu eine kleine Bitte bzw. einen Vorschlag:

Wir beginnen einfach mit der wichtigsten Quelle des Glaubens, die gleichermaßen für Christen wie für Juden gilt, nämlich der Bibel, genauer dem Alten Testament. Du wirst sicherlich einzelne Geschichten daraus noch aus fernen Tagen kennen. Aber wir schauen gemeinsam etwas genauer hin. Daher meine Bitte, damit wir ein konkretes Beispiel als Ausgangspunkt nutzen können, lies einmal die ersten beiden Kapitel im ersten Buch der Bibel, dem Buch Genesis, aufmerksam durch. Ich bin gespannt, welche Fragen und Überlegungen du zu diesem Text mitbringen wirst…

Mit anderen Worten…

„Es gibt in der Wissensgesellschaft Felder, wo in diesem Sinne besonders intensiv geglaubt wird. Wenn die Wirtschaftsweisen im Fernsehen wie Schamanen aus den Kulissen treten und ihre Orakelsprüche verkünden, dann sollen wir an die verkündeten Konjunkturprognosen glauben. Aber so glauben wir auch an die Psychoanalyse, an den Urknall, an das Chaos in der Natur, an die künftige Klimakatastrophe, an die Entropie samt kosmischem Wärmetod, an die egoistischen Gene und an vieles andere mehr. Zwar könnte man sagen, das seien nur Formen des Für-wahrscheinlich-Haltens, die deshalb wenig mit dem religiösen Glauben zu tun hätten. Und doch nähern wir uns dabei dem religiösen Feld, weil es hier um Zuversicht oder Angst in Bezug auf Themen geht, die lange Zeit genuin religiöse Themen waren. Noch in einem anderen Sinne leben wir alltäglich aus dem Glauben. Der Mensch ist das Tier, das versprechen kann, hat Nietzsche einmal gesagt. Der eine verspricht, der andere glaubt ihm. Glauben ist auf beiden Seiten im Spiel, denn auch der Versprechende muss an sich selbst glauben, genauer: an sein künftiges Selbst, das ein gegebenes Versprechen einhalten soll. Ich verspreche, weil ich an mich glaube, und du glaubst mir, weil ich verspreche. Diese Art des Glaubens zirkuliert zwischen den Menschen und ist so lebensnotwendig wie die Luft zum Atmen."
Rüdiger Safranski, in: Wozu Gott? Religion zwischen Fundamentalismus und Fortschritt, hg. von Peter Kemper u.a., Verlag der Weltreligionen, Tb 13, Frankfurt/M. 2009, 72-73

****

„Die entscheidende Frage lautet schließlich: Könnte das Leben, könnte die Gesellschaft, könnte die Welt ohne Glauben funktionieren? Die Antwort lautete Nein, weil die eigentliche Währung des Religiösen das Vertrauen ist. Um in einer hochdifferenzierten, auf zerbrechlichen Übereinkünften basierenden Umwelt zu überleben, muss der Mensch sich von vornherein auf den guten Gang der Dinge verlassen. Er muss mit der konstanten Stabilität seiner Lebenswelt rechnen.

Auch der Atheist muss vertrauen können, einen doppelten Boden hat er dafür nicht. Er muss auf seine Sinne vertrauen und kann das Wahrgenommene nicht andauernd infrage stellen. Darum geht es letztlich jedem Menschen, ob Atheist, Esoteriker, Christ, ob Maschinenbauer, Chemiker, Webdesigner oder Bäcker: um die Hoffnung auf die für ihn ideale Ordnung. Um die Geborgenheit im Diesseits. Um das Heil in Gemeinschaft. Um den Rausch der spirituellen Erfahrung. Im Vertrauen versichert sich das Individuum seiner selbst. Wer glaubt, hofft. Wer hofft, vertraut. Und wer vertrauen kann – lebt der nicht glücklicher?"
Christian Schüle: Warum wir glauben müssen,
http://www.zeit.de/zeit-wissen/2013/01/Glaube-Religion-Psychologie/
komplettansicht

****

Alltagssprachlich meint „glauben" ein nicht hinreichend an den Fakten überprüftes od. überprüfbares Wissen, das auf die Autorität anderer hin übernommen wird. Man hält etwas für wahr, wovon man sich selbst nicht so vollständig überzeugen konnte, dass man es nun wüsste. So wäre Glauben eine defizitäre Form des Wissens, allenfalls ein Notbehelf, insofern ich in meiner Lebenswelt vieles „auf Treu und Glauben" hin annehmen muss, da ich nicht alles selbst überprüfen kann. Diesem Wortgebrauch steht eine andere alltagsweltliche Erfahrung gegenüber: Manches kann ich nur glauben; ich dürfte nicht einmal versuchen, es in sicheres Wissen zu überführen. Ein Treueversprechen kann ich „nur" glauben; mir selbst, wenn ich es gewagt habe - dem Mitmenschen, der sich mir versprochen hat. Glauben heißt hier: darauf „setzen", dass dieses Versprechen wahrhaftig ist u. wahr wird, dass es durchgehalten, immer wieder neu wahrgemacht wird. Glauben setzt deshalb voraus, dass die das Versprechen Gebenden und es Annehmenden sich in es „investieren", ihr Leben einsetzen, damit das Versprechen in heilsamer Weise wahr wird. Wenn sie es ernst meinen, identifizieren sie sich mit ihrem Versprechen. Wenn ich es glaube, so identifiziere ich mich damit, dass ich es annehme und seiner würdig sein will.
Jürgen Werbick in: Beate-Irene Hämel / Thomas Schreijäck (Hg.): Basiswissen Kultur und Religion. 101 Grundbegriffe für Unterricht, Studium und Beruf, Kohlhammer, Stuttgart 2007, 51

„Es gibt nämlich noch eine Wahrheit. In den alltäglichen Grabenkämpfen des Erwachsenendaseins gibt es keinen Atheismus. Es gibt keinen Nichtglauben. Jeder betet etwas an. Aber wir können wählen, was wir anbeten. Und es ist ein äußerst einleuchtender Grund, sich dabei für einen Gott oder ein höheres Wesen zu entscheiden. Wenn Sie Geld und Güter anbeten – wenn hierin für Sie der wahre Sinn des Lebens liegt –, dann können Sie davon nie genug kriegen. Nie das Gefühl haben, Sie hätten genug. Das ist die Wahrheit.
Wenn Sie Ihren Körper, die Schönheit und erotische Reize anbeten, dann werden Sie sich immer hässlich finden, und wenn sich Zeit und Alter bemerkbar machen, werden Sie tausend Tode sterben, bevor man Sie dann wirklich unter die Erde bringt. Wenn Sie die Macht anbeten, werden Sie sich schwach und ängstlich fühlen und immer mehr Macht über andere brauchen, um die Angst in Schach zu halten. Wenn Sie Ihren Intellekt anbeten und als schlau gelten wollen, werden Sie sich am Ende dumm vorkommen, als Hochstapler, dem man jeden Augenblick auf die Schliche kommen wird. Und so weiter."
David Foster Wallace, Das hier ist Wasser, KiWi 1272, Köln 2012, 30f (Auszug)

****

„Der christliche Glaube ist in erster Linie weder ein System von Lehrsätzen und Geboten noch ist er eine Annahme, die man für wahr halten muss, auch wenn man sie nicht versteht. Er ist eine auf Erfahrungen gründende Einstellung zur Welt, die den ganzen Menschen mit Gefühl, Herz und Verstand umfasst. Dazu gehört die tiefe Überzeugung, dass das Leben trotz allen Leids und aller Katastrophen nicht umsonst ist. Er ist Vertrauen in den Sinn des Lebens."
Aus: Werner Trutwin, Neues Forum Religion, Bd.: Leben (Arbeitsbuch Ethik), Patmos, Düsseldorf 2009, S. 8

****

Neues Testament, Brief an die Hebräer, 11,1: „Glaube aber ist: Grundlage dessen, was man erhofft, ein Zutagetreten von Tatsachen, die man nicht sieht." (Einheitsübersetzung)
Oder in anderer Übersetzung: „Glauben heißt Vertrauen, und im Vertrauen bezeugt sich die Wirklichkeit dessen, worauf wir hoffen. Das, was wir jetzt noch nicht sehen: im Vertrauen beweist es sich selbst." (Gute Nachricht Bibel)

4

Botschaften aus einer anderen Welt

Du hattest mich gebeten, die ersten Seiten der Bibel aufmerksam zu lesen, nämlich die Schöpfungsgeschichte im Buch Genesis. Das habe ich getan, sogar zweimal. Aber auch nach der wiederholten Lektüre behielt ich ein deutliches Gefühl der Fremdheit. Diese Sprache, ja überhaupt diese ganze Vorstellungswelt, kommt mir vor wie aus einer anderen Welt. Ich weiß nicht, wie ich das als aufgeklärter Mensch des 21. Jahrhunderts verstehen soll, was dieser alte Text mir mitteilen will. Als wissenschaftlich gebildeter Mensch kann ich erstmal nur sagen: Nette Geschichte, an die unsere Vorfahren vor Jahrtausenden vielleicht mal geglaubt haben. Aber heute wissen wir wohl etwas besser, wie die Welt entstanden ist, oder meinst du nicht?

Was das bessere Wissen unserer Tage angeht, gebe ich dir völlig Recht. Trotzdem muss ich deinem Urteil über diese alte Geschichte widersprechen, und zwar auf dem Hintergrund einer langen wissenschaftlichen Auseinandersetzung mit der Bibel.

Sprachwissenschaftler, Historiker und Archäologen haben uns in über 200 Jahren systematischer Erforschung der alten Texte eine Vielzahl neuer

Erkenntnisse über deren Eigenart, Entstehung und Erzählabsichten vorgelegt, an denen wir nicht mehr vorbeigehen können, wenn wir solche Texte angemessen verstehen wollen. Dazu aber der Reihe nach.

Was ist dir beim Lesen aufgefallen? Was kam dir merkwürdig vor?

Nun ja, aufgefallen sind mir vor allem einige Widersprüche. Im ersten Kapitel erschafft Gott in sechs Tagen die ganze Welt quasi wie ein Zauberer. Er spricht einfach, und die Dinge sind da. Das hört sich schon ziemlich verrückt an. Im nächsten Kapitel macht er das Ganze noch einmal, aber in anderer Abfolge. Und dann die Sache mit der Rippe, aus der er die erste Frau macht. Echt abgedreht. Soll das wirklich jemand so glauben wie es dasteht?

Was dort steht und was damit gemeint ist, das sind zwei Paar Schuhe. Dieser Text ist über zweieinhalb Jahrtausende alt. Er stammt also einer anderen Zeit, einer anderen Kultur und Vorstellungswelt. Das macht es für uns heute schon etwas schwieriger mit dem Verstehen. Wir lesen diese alte Geschichte zwangsläufig auf dem Hintergrund eines völlig anderen Weltbildes. Das ist nicht unsere Sprache und nicht unsere Art zu denken.

Wir müssen also erstmal zur Kenntnis nehmen, was das überhaupt für eine Form von Text ist.

Wie meinst du das? Ein Text ist eben ein Stück schriftlich fixierter Sprache mit der Absicht, mir etwas mitzuteilen. Vorausgesetzt, dass der Text für mich verständlich ist, kann ich ihm die entsprechende Information entnehmen.

So funktioniert das, wenn du z. B. ein Fachbuch liest. Da geht es dir ausschließlich um ein sachliches Wissen, das in diesen Worten und ggf. Formeln gespeichert wurde, und das du dir nun durch Lesen und Lernen aneignen kannst. Das ist schon in sich ein höchst bedenkenswerter Vorgang, der über die Möglichkeiten von Sprache immer wieder staunen lässt.

Neben diesem funktionalen Gebrauch bietet die Sprache aber noch viele andere Nutzungsweisen an.

Erinnere dich mal an deine Kindertage. Bevor du selber lesen konntest, hat dir sicher jemand Geschichten vorgelesen oder erzählt, insbesondere Märchen.

Vor allem meine Mutter hat mir immer wieder aus einem großen Märchenbuch vorgelesen. Das waren sehr phantasievolle Abenteuer, von denen ich gar nicht genug bekommen konnte. Mit dem Helden habe ich wirklich mitgefiebert und war am Ende selber irgendwie „erlöst", nachdem es gut ausgegangen war. Später habe ich dann viele Kinder- und Jugendbücher verschlungen. Da war das Lesen selber schon ein Abenteuer. – Aber ich verstehe noch nicht, worauf du hinauswillst.

Ganz einfach: Beim Lesen eines Märchens weißt du genau, dass das eine erfundene Geschichte ist, die sich in der erzählten Form so nie ereignet hat. Niemand würde ernsthaft danach fragen, in welcher Stadt Hänsel und Gretel einmal gelebt haben oder in welchem Wald das Hexenhaus gestanden hat.

Solche Fragen an das Märchen wären völlig unangemessen und gingen an der eigentlichen „Botschaft" der Geschichte total vorbei.

Worum es also dabei wirklich geht, muss auf andere Weise erfasst werden als durch die äußerliche Klärung historischer oder geografischer Fakten. Die sind hier nicht von Bedeutung. Die „Wahrheit" einer solchen Erzählung liegt vielmehr in den Bildern und Symbolen der Handlung, der Dramaturgie in den Beziehungen der handelnden Personen. Es geht immer wieder um die Suche nach dem Glück, um geschwisterliche Rivalitäten, um Liebe, Treue, Vertrauen, Hoffnung, Angst, Mut, Schuld, Versagen, Vergebung usw. Diese höchst menschlichen Angelegenheiten werden in eine phantasievolle, aber eben nicht unrealistische Geschichte gegossen, die sich gut erzählen lässt.

Du hast eben selber zum Ausdruck gebracht, wie sehr du „mitgefiebert" hast, eben, weil du dich mit einer Gestalt identifizieren konntest oder auch ähnliche Situationen bereits erlebt hattest.

Märchen spiegeln die Realitäten der Menschenwelt und wollen angesichts von Sorgen, Nöten und scheinbaren Auswegslosigkeiten des realen Alltags den Lesern und Hörern Mut und Hoffnung zusprechen, sich den Herausforderungen des Lebens zu stellen.

Jeder von uns hat schon einmal mit einem „Drachen" gekämpft, die unerwartete Hilfe eines anderen erfahren, kam sich klein und unbedeutend vor, musste schwierige „Prüfungen" bestehen, hat aber schließlich sein Ziel erreicht, den Weg nach Hause oder sogar das große Liebesglück gefunden.

Märchen wollen also so gelesen werden, dass sie sich mit dir und deiner Erfahrungswelt verbinden. Dann beginnen sie zu „sprechen" und können dir wichtige Wahrheiten über das Leben mitteilen.

Die eigentliche „Botschaft" eines Märchens steckt also nicht in der Oberfläche der gewählten Wörter, sondern eher zwischen den Zeilen, in den Bildern und Metaphern, die mit einem inneren Auge wahrgenommen werden wollen. Und das hast du als Kind offenbar getan.

Gut, ein Märchen lese ich anders als ein Physikbuch oder die Tageszeitung. Soweit komme ich mit. Soll das nun heißen, die Bibel quasi wie ein Märchenbuch zu lesen?

Nicht so ganz. Aber die Richtung stimmt schon. Zuerst muss uns immer klar sein, um welche Art von Text es sich handelt. Eine Gebrauchsanweisung lesen wir anders als einen Roman, einen Liebesbrief oder ein Gedicht anders als die Börsenkurse. – Und das betrifft auch nicht nur geschriebene Worte. Beim direkten Gespräch machst du ebenso Unterschiede: Die Urlaubsschilderungen deines Kollegen hörst du anders als die Diagnose deines Arztes.

Manchmal geht es nur um Informationen, die ich suche oder die ich zur Kenntnis nehmen soll. Bei einem spannenden Roman lasse ich mich in eine andere, ausgedachte Welt entführen. Bei lyrischen Texten geht es mehr um Gefühle, Stimmungen und besonders sensible Wahrnehmungen von Dingen, Menschen und Situationen.

Genau. Wir gehen immer – meist unbewusst - mit einer unterschiedlichen Haltung und Erwartung an einen Text heran. Aber nicht nur beim direkten Gespräch, auch zwischen dem Leser und dem Text findet faktisch so etwas wie ein Dialog statt. Du hast ein bestimmtes Interesse, der Text ebenso. Teils will er dich nur sachlich zum Wissen bringen, teils verlangt er von dir über eine Sache nachzudenken oder auch angemessen zu reagieren. So nimmst du den Liebesbrief deiner Frau nicht einfach nur zur Kenntnis, er ruft nach einer passenden Antwort.

Das Geschriebene kann dein Leben, deine Weltsicht, deine Einstellung verändern. Das passiert im privaten Bereich, aber auch im gesellschaftlichen Bewusstsein. Es gibt Bücher, die die Welt verändert haben. -

Bei der Bibel ist es nicht viel anders. Die meisten der darin versammelten Schriften wollen ebenfalls nicht buchstäblich, sondern sinngemäß verstanden werden. Sie möchten auf erzählerischem Wege eine bestimmte Überzeugung an die Nachwelt weiterreichen. Die Bibel ist ein Buch reflektierter Glaubenserfahrungen, von Menschen für Menschen geschrieben. Sie vertritt eine religiöse Sicht über die Welt und das Leben – und lädt damit zu einer Auseinandersetzung über diese geglaubte Wahrheit ein.

Gut, aber was ist jetzt mit der Schöpfungsgeschichte? Wenn ich sie nicht wörtlich nehmen soll, welchen Reim kann ich mir sonst darauf machen? Und warum sind diese beiden Kapitel so widersprüchlich?

Ich versuche es nur kurz zu umreißen. Die auffälligen Widersprüche kommen dadurch zustande, dass wir es hier faktisch mit zwei Schöpfungserzählungen zu tun haben, die später zusammengefügt wurden.

Die erste Erzählung umfasst Kapitel 1 bis zu den ersten Versen in Kapitel 2 (Genesis 1,1-2,4a und 2,4b-25).

Die Geschichten sind mit einem Abstand von mehreren Jahrhunderten in recht unterschiedlichen Situationen und mit verschiedenen Absichten entstanden.

Interessanterweise hat man die jüngere Erzählung, also die mit den sieben Tagen, vorangestellt. Die zweite Erzählung ist also die ältere. Das ist nur ein kleines Faktum eingehender bibelwissenschaftlicher Analyse. Die von dir kritisierten gegensätzlichen Aussagen sind mehr formaler Art. Der eine Autor lässt Gott erst die Tiere und dann die Menschen erschaffen, der andere dreht die Folge um. In der älteren Geschichte sehen wir Gott ganz handwerklich den Menschen aus dem Ackerboden formen, in der späteren Geschichte lässt Gott allein durch einen sprachlichen Befehl die Dinge und dann die Menschen entstehen. – Aber wir müssen uns hier nicht mit allen Details beschäftigen, so aufschlussreich das auch wäre. Es geht vor allem um das große Ganze.

An einer Stelle möchte ich aber nochmal einhaken. Dass es eigentlich zwei Geschichten sind, macht schon manche Differenzen verständlicher. Einen ziemlich krassen Unterschied finde ich bei den ersten Menschen. In Kapitel 1 erscheinen sie gleichzeitig, im 2. Kapitel steht die berühmte Szene, wo aus einer Rippe Adams seine Frau Eva erschaffen wird.

Gut beobachtet. Die Variante mit der Rippe hat sich deutlicher ins kollektive Gedächtnis eingebrannt, weil sie schon im antiken Judentum von den Männern bevorzugt wurde, da sie die nachträgliche Erschaffung der Frau als eine wertende Abfolge interpretierten.

Damit ließ sich die gesellschaftliche Rolle und Bedeutung der Geschlechter, also die Unterordnung der Frauen, quasi mit göttlicher Legitimation darstellen.

Diese einseitige Lesart der Bibel ist ein typisches Beispiel für den möglichen Missbrauch des Textes, in dem Falle zur Begründung männlicher Vorherrschaft. Als gesellschaftliches Leitbild reicht seine Wirksamkeit leider bis in unsere Tage.

Hätte man der anderen Stelle im 1. Kapitel der Genesis genauso viel Beachtung geschenkt, wäre ungezählten Mädchen und Frauen über Jahrtausende viel Leid erspart geblieben. Denn in Genesis 1,27 heißt es ganz lapidar „männlich und weiblich erschuf er sie". Frau und Mann treten gemeinsam auf. Punkt. Kein Spielraum zur Interpretation für die Bevorzugung eines Geschlechtes!

Bei dieser Stelle heißt es auch „Gott erschuf den Menschen als sein Bild". Was bedeutet das?

Meist wird von „Abbild" oder „Ebenbild" gesprochen. Auch das ist ein großer Gedanke biblischen Denkens.

Bei den Völkern des Alten Orients gab es zahlreiche Götter, die den Menschen als Statuen zur unmittelbaren sinnlichen Wahrnehmung gegenüberstanden. Der Gott Israels fiel da völlig aus dem Rahmen, denn er war der einzige Gott, der zudem unsichtbar war. Von ihm sollte auch keinerlei Kultbild angefertigt werden, das zur Anbetung gedient hätte. Der biblische Gott ist abstrakter gedacht als die Göttergestalten der Nachbarvölker.

Der ägyptische Pharao etwa galt als eine Verkörperung des Gottes, existierte damit als lebende Gottheit in dieser Welt und genoss entsprechende Verehrung. Und jetzt kommt der religiöse Quantensprung: Wurde bei den Ägyptern lediglich dieser eine Mensch als real anwesende Verkörperung der Gottheit angesehen, geschieht nun in der Bibel eine radikale Demokratisierung dieser Idee. Jeder einzelne Mensch ist nun Verkörperung und beauftragter Vertreter des unsichtbaren Gottes. Das ist eine revolutionäre Aufwertung des Einzelnen, eine unerhörte Relativierung der gesellschaftlichen Rangordnung: In den Augen Gottes ist der König nicht „wertvoller" als der Sklave, der Mann nicht bedeutender als die Frau, der Behinderte oder Kranke nicht weniger das anerkannte Geschöpf Gottes als der Gesunde usw. – Aus dieser religiösen Glaubensvorstellung über die Rolle des Menschen in der Welt resultieren unsere modernen Ideen von Menschenwürde und Menschenrechten. Ein Beispiel für die welthistorische Bedeutung der Bibel.

Das habe ich so noch nicht gesehen, dass die heute so viel zitierte Menschenwürde ihre ersten Wurzeln in dieser biblischen Geschichte findet.

Aber wir wollten uns nicht in den Details der Genesis-Texte verlieren, obwohl es darin sicher noch viel zu entdecken und zu klären gibt.

Du wolltest lieber auf den roten Faden, die eigentlichen Grundaussagen der beiden Schöpfungsgeschichten hinaus. Da fehlt mir im Moment immer noch der Durchblick.

Lass es mich so versuchen: Die ersten Kapitel der Genesis wollen – teils in der Sprache alter Mythen – den Glauben an den einen Gott unterstreichen, der als der Schöpfer dieser Welt dargestellt wird. Somit hat die Welt einen Grund und Ursprung, sie ist nicht zufällig da und ist auch kein Spielfeld blinder chaotischer Mächte. Der Mensch ist ein gewolltes Geschöpf Gottes, das den unsichtbaren Schöpfer in dieser Welt als sein „Ebenbild" vertritt und den Auftrag erhalten hat, die gesamte Schöpfung als Geschenk wahrzunehmen und sie sorgsam zu „bearbeiten und hüten". Jeder Mensch trägt also eine umfassende Verantwortung für sich, die Mitmenschen, die Tiere, die Natur, also die ganze Erde. Diese Verantwortung begründet sich in der besonderen Befähigung des Menschen durch sein reflektierendes Bewusstsein sowie seine hochentwickelte Sprache.

*Da alle Wesen von Gott ins Leben gerufen wurden, wird
die innere Verbundenheit aller Lebensformen betont.
Wir sind ein Teil der Natur, nicht ihr Eigentümer und
Beherrscher. – So möchte ich es in groben Strichen
beschreiben.*

*Wie gesagt, das ist eine religiöse Sichtweise auf die
Welt und das Leben. Sie ist ein Glaubensbekenntnis,
das zu teilen niemand gezwungen wird.*

*Es ist vielmehr eine Einladung zum gemeinsamen
Nachdenken und Nachspüren, wieviel Wahrheit über
die Wirklichkeit hier vielleicht doch vertretbar zum
Ausdruck gebracht wird.*

Wie du es mir nun darstellst, verstehe ich besser, was gemeint
war. Aus den Geschichten, wie sie dastehen, hätte ich das alleine
nie herausgelesen.

Manche dieser Ideen wirken nun für mich gar nicht mehr so
befremdlich, etwa die Gleichwertigkeit aller Menschen, die
ökologische Perspektive des Zusammenspiels aller Lebewesen
und Naturkräfte, die uns unsere globale Verantwortung erst
bewusstgemacht hat.

*Das finde ich auch. Ein großartiger Gedanke ist für mich
zudem die Abstammung von einem gemeinsamen Ur-
Elternpaar. Das macht eben alle Menschen auf diesem
Planeten zu Geschwistern. Eine Vorstellung, die nicht
ohne Folgen bleiben kann.*

Die moderne Wissenschaft hat uns gezeigt, wie eng die genetische Verwandtschaft aller Erdbewohner wirklich ist. Das bestätigt im Grunde die alte biblische Idee, obwohl die damaligen Autoren von solchen biologischen Fakten noch keine Kenntnis haben konnten. Ihre theologische Deutung angesichts der damaligen Völkervielfalt lag aber intuitiv genau auf dieser Linie.

Gleiches gilt für unser heutiges Wissen über die Wiege der Menschheit, dass wir nämlich alle von einer relativ kleinen Gruppe unserer ältesten Vorfahren in Afrika abstammen...

Schon erstaunlich. Aber wenn du schon die Wissenschaft ins Spiel bringst, empfinde ich immer noch einen Zwiespalt in dieser Richtung. Die Frage nach dem Anfang des Universums wird heute – und das ist wohl wissenschaftlicher Konsens – mit dem Urknall vor 13,8 Milliarden Jahren beantwortet. Ein göttlicher Schöpfer wird da offenbar nicht mehr gebraucht. Wie bringe ich das zusammen?

Nun, was die moderne Astronomie über den Anfang des Kosmos herausgefunden hat, wird dennoch nicht zu einem Widerspruch zu den biblischen Erzählungen.

Wir müssen nicht zwischen den scheinbaren Alternativen entscheiden, woran wir glauben wollen, Bibel oder Wissenschaft.

Ich erinnere nur daran, was wir schon bei unserem Gespräch über Glauben und Wissen bezüglich dieses Zueinanders zu klären versucht haben.

Was sagt uns denn die Naturwissenschaft genau? – Vor fast 14 Milliarden Jahren ging unser Universum aus einem unermesslich kleinen, dichten und heißen Punkt hervor, dessen weitere Ausdehnung bis heute anhält.

Mit dieser sogenannten „Anfangssingularität" begannen schrittweise Raum, Zeit und Materie, eben alles, was wir heute kennen. – Da beginnen aber auch schon für die Astrophysiker die Probleme, denn diesen Anfangspunkt genauer zu erforschen liegt außerhalb der Möglichkeiten unserer Physik. Was hat den Urknall ausgelöst? Gab es etwas „davor"? Obwohl die Frage nach einem zeitlichen „davor" unsinnig bleibt, da es noch keine Zeit gab.

Viele Fragen sind da noch offen, Fragen für den Wissenschaftler, Fragen nach dem Wie. Grundsätzlicher bleibt dann die Frage nach dem Warum. Warum gibt es überhaupt etwas und nicht nichts? Denn alles in der physikalischen Welt unterliegt dem Prinzip von Ursache und Wirkung, verdankt den Grund seiner Existenz etwas Anderem.

Diese Verursachungen zu verstehen – physikalisch, biologisch, chemisch – gewährt uns nur den Einblick in das Wie dieser Zusammenhänge, begründen jedoch nicht das Warum. Alles existiert nur in dieser abhängigen Verkettung, aber nicht zwangsläufig aus sich heraus. Alles könnte auch nicht sein.

Die Kette von Ursachen und Wirkungen könnte man quasi bis ins Unendliche zurückführen, aber damit ist die Frage nach dem Warum nicht wirklich beantwortet.

Muss nicht am Beginn etwas existieren, das nicht selber wieder bedingt, von anderem verursacht ist, und das selbst jenseits der Bedingtheiten von Raum, Zeit und Materie liegt?

Da liegt es folglich nahe, an dieser Stelle Gott als bedingungslose Ursache einzusetzen. Das wäre scheinbar ein schlüssiges Konzept, und selbst für jeden Ungläubigen wäre logisch zu zeigen, dass es Gott wirklich gibt. Oder?

Du hast völlig Recht. So einfach ist es dann doch nicht. Das wäre ein allzu simpler Gottesbeweis, den es eben nicht geben kann. Der Glaube ist da etwas anspruchsvoller.

Wir wissen faktisch nicht, wieso es den Urknall gegeben hat. Selbst wenn es physikalisch dazu einmal Lösungen geben sollte, so werden das theoretische Konstrukte bzw. mathematische Modelle sein, sie werden trotzdem nicht die Warum-Frage beantworten.

Denn die liegt auf einer anderen Ebene, abseits jeder naturwissenschaftlichen Erkenntnis. Daher ist es völlig legitim, neben aller wissenschaftlichen Kenntnis, die nicht geleugnet werden soll, doch eine umfassende und damit sinngebende Deutung *der Wirklichkeit zu versuchen. Das ist, wie schon gesagt, das Anliegen der Religion. Womit wir wieder bei der biblischen Sicht wären.*

Aber noch ein anderer Kritikpunkt ist hier entscheidend: Wenn man Gott als den Anfang der Ursache-Wirkungs-Kette festlegt, dann ist er nur ein Bestandteil dieser Kette, eben die physikalische Erstursache für Urknall und Evolution. Das bleibt widersprüchlich.

Aus Sicht der Religion (besser: der Theologie) ist Gott aber kein Teil der physikalischen Welt, sofern er als deren Schöpfer betrachtet wird. Er ist vielmehr ihr dauerhaft wirksamer Urgrund, durch den alles im Dasein gehalten wird, weil alles Geschaffene ja nicht aus sich selbst heraus existieren kann. Theologisch gesprochen: Die Welt (als „Schöpfung", ein exklusiv religiöser Begriff) ist der Selbstausdruck Gottes. Die Welt ist „in Gott", gleichzeitig ist Gott aber auch in der Welt geheimnisvoll „anwesend".

Zugegeben, das ist schon ein etwas schwierigerer Gedanke, der jedoch den Brückenschlag zwischen religiöser und naturwissenschaftlicher Sichtweise möglich macht.

Der biblische Glaube an eine göttliche Schöpfung darf auch so interpretiert werden, dass sich dieser kosmische Vorgang von Kreativität genau in der Form der Evolution ereignet. – Diese Brücke hinterlässt immer noch Fragezeichen, führt aber heraus aus der vermeintlichen Sackgasse der Entgegensetzung von Wissenschaft und Glaube.

Die empirische Wissenschaft erklärt im Rahmen ihrer Mittel und Möglichkeiten das Wie der Abläufe in der materiellen Wirklichkeit, die Religion greift all dieses Wissen auf, deutet es aber in einem größeren Horizont, in dem auch die Fragen nach dem Warum und Wozu eine – glaubende – Antwort finden. Und von dieser Glaubensperspektive hängt lebenspraktisch mehr ab als von allen beweisbaren Fakten.

Das ist jetzt wirklich etwas anspruchsvoll. Ich bin mir nicht sicher, das alles auf Anhieb ganz richtig verstanden zu haben, aber die Grundrichtung ist mir wohl nachvollziehbar. Das hilft mir auf jeden Fall weiter. Vielleicht tauchen dazu erst später noch weitere Fragezeichen auf.

Du hast auch gerade die Gottesvorstellung angesprochen. Das ist für mich natürlich der Dreh- und Angelpunkt der ganzen Diskussion über Religion und Glaube. Da bin ich echt neugierig…

Es liegt mir fern, dich mit zu vielen Details, Begriffen und allzu abstrakten theologischen Gedanken zuzuschütten. Wenn ich dahin abrutsche, bitte ich um deine Nachsicht. Dann musst du mich bremsen. Ich bemühe mich zwar, die Sache so einfach wie möglich darzustellen, aber letztlich kannst nur du sagen, wie es für dich verständlich ist.

Gerade der kirchliche und theologische Sprachgebrauch ist weithin zu abstrakt, zu akademisch und weit weg von der Alltagswelt der meisten Menschen. Davon bin ich sicherlich auch nicht ganz frei. Ich lerne daher selber immer wieder dazu, wenn ich mit möglichst einfachen Worten und Beispielen erläutern soll, worum es eigentlich geht. – Vermutlich wird es dir nicht viel anders ergehen, wenn du einen komplexen Sachverhalt aus deinem Fachgebiet vereinfacht darstellen sollst.

Oh ja, das kenne ich. Erst neulich, als Thomas wissen wollte, wieso die Lampe plötzlich leuchtet, wenn man auf den Schalter an der Wand drückt.

Und wo der Strom überhaupt herkommt, wie man den macht und warum man ihn nicht sehen kann. Da war ich zuerst auch einigermaßen überfordert und brauchte mehrere Anläufe für die passenden Worte. Und das, obwohl ich lange genug Elektrotechnik studiert habe.

Aber wenn er jetzt mit Fragen zur Religion anrückt, kann ich leider nicht auf einen vergleichbaren Hintergrund zurückgreifen. Deshalb bin ich hier - und sehr dankbar für deine bisherigen Verständnishilfen…

Nun, mir macht es jedes Mal Freude, wenn du kommst und wir wieder in ein neues Thema eintauchen. – Wo stehen wir jetzt?

Wir haben bisher – wenn auch stets nur in groben Zügen - den Sinn und Zweck von Religion umrissen, die notwenige Verbindung von Glaube und Wissen besprochen und soeben einen ersten kleinen Einblick ins biblische Denken unternommen. Das Beispiel der Schöpfungsgeschichten habe ich mit Absicht gewählt, weil sie sich unmittelbar an das anschließen lassen, was wir davor über das Zueinander von Religion und Wissenschaft angedeutet haben.
Das ist eine wohl hinreichende Basis, damit wir uns beim nächsten Mal der zentralen nach Gott widmen können.

Anhang: Die Schöpfungserzählungen der Bibel
(Genesis 1,1 – 2,25)

Kapitel 1:

Im Anfang schuf Gott den Himmel und die Erde; die Erde war aber eine Wüstenei und Öde, und Finsternis lag über der weiten Flut (= dem Urmeer), und der Geist Gottes schwebte (brütend) über der Wasserfläche. Da sprach Gott: »Es werde Licht!«, und es ward Licht. Und Gott sah, dass das Licht gut war; da schied Gott das Licht von der Finsternis und nannte das Licht »Tag«, der Finsternis aber gab er den Namen »Nacht«. Und es wurde Abend und wurde Morgen: erster Tag.

Dann sprach Gott: »Es entstehe ein festes Gewölbe inmitten der Wasser und bilde eine Scheidewand zwischen den beiderseitigen Wassern!« Und es geschah so. So machte Gott das feste Gewölbe und schied dadurch die Wasser unterhalb des Gewölbes von den Wassern oberhalb des Gewölbes. Und Gott nannte das feste Gewölbe »Himmel«. Und es wurde Abend und wurde Morgen: zweiter Tag. Dann sprach Gott: »Es sammle sich das Wasser unterhalb des Himmels an einen besonderen Ort, damit das Trockene (= das feste Land) sichtbar wird!« Und es geschah so. Und Gott nannte das Trockene »Erde« (oder: »Land«), dem Wasser aber, das sich gesammelt hatte, gab er den Namen »Meer« (d.h. Weltmeer). Und Gott sah, dass es gut war. –

Dann sprach Gott: »Die Erde lasse junges Grün sprossen, samentragende Pflanzen und Bäume, die je nach ihrer Art Früchte mit Samen darin auf der Erde tragen!« Und es geschah so: die Erde ließ junges Grün hervorgehen, Kräuter, die je nach ihrer Art Samen trugen, und Bäume, die Früchte mit Samen darin je nach ihrer Art trugen. Und Gott sah, dass es gut war. Und es wurde Abend und wurde Morgen: dritter Tag. Dann sprach Gott: »Es sollen Lichter (oder: Leuchten) am Himmelsgewölbe entstehen, um Tag und Nacht voneinander zu scheiden; die sollen Merkzeichen sein und zur (Bestimmung von) Festzeiten sowie zur (Zählung von) Tagen und Jahren dienen; und sie sollen Lichter (oder: Leuchten) am Himmelsgewölbe sein, um Licht über die Erde zu verbreiten!« Und es geschah so. Da machte Gott die beiden großen Lichter: das größere Licht zur Herrschaft über den Tag und das kleinere Licht zur Herrschaft über die Nacht, dazu auch die Sterne.

Gott setzte sie dann an das Himmelsgewölbe, damit sie Licht über die Erde verbreiteten und am Tage und in der Nacht die Herrschaft führten und das Licht von der Finsternis schieden. Und Gott sah, dass es gut war. Und es wurde Abend und wurde Morgen: vierter Tag. Dann sprach Gott: »Es wimmle das Wasser von einem Gewimmel lebender Wesen, und Vögel sollen über der Erde am Himmelsgewölbe hin fliegen!« Da schuf Gott die großen Seetiere und alle Arten der kleinen Lebewesen, die da sich regen, von denen die Gewässer wimmeln, dazu alle Arten der beschwingten Vögel. Und Gott sah, dass es gut war. Da segnete Gott sie mit den Worten: »Seid fruchtbar und mehret euch und erfüllet das Wasser in den Meeren, und auch die Vögel sollen sich auf der Erde mehren!« Und es wurde Abend und wurde Morgen: fünfter Tag. Dann sprach Gott: »Die Erde bringe alle Arten lebender Wesen hervor, Vieh, Kriechgetier (oder: Gewürm) und wilde Landtiere, jedes nach seiner Art!« Und es geschah so. Da machte Gott alle Arten der wilden Landtiere und alle Arten des Viehs und alles Getier, das auf dem Erdboden kriecht, jedes nach seiner Art. Und Gott sah, dass es gut war. –

Dann sprach Gott: »Lasst uns Menschen machen nach unserm Bilde, uns ähnlich, die da herrschen sollen über die Fische im Meer und über die Vögel des Himmels, über das (zahme) Vieh und über alle (wilden) Landtiere und über alles Gewürm, das auf dem Erdboden kriecht!« Da schuf Gott den Menschen nach seinem Bilde: nach dem Bilde Gottes schuf er ihn; als Mann und Weib schuf er sie. Gott segnete sie dann mit den Worten: »Seid fruchtbar und mehrt euch, füllt die Erde an und macht sie euch untertan und herrscht über die Fische im Meer und über die Vögel des Himmels und über alle Lebewesen, die auf der Erde sich regen!«

Dann fuhr Gott fort: »Hiermit übergebe ich euch alle samentragenden Pflanzen auf der ganzen Erde und alle Bäume mit samentragenden Früchten: die sollen euch zur Nahrung dienen! Aber allen Tieren der Erde und allen Vögeln des Himmels und allem, was auf der Erde kriecht, was Lebensodem in sich hat, weise ich alles grüne Kraut der Pflanzen zur Nahrung an.« Und es geschah so. Und Gott sah alles an, was er geschaffen hatte, und siehe: es war sehr gut. Und es wurde Abend und wurde Morgen: der sechste Tag.

Kapitel 2:

So waren der Himmel und die Erde mit ihrem ganzen Heer vollendet. Da brachte Gott am siebten Tage sein Werk, das er geschaffen hatte, zur Vollendung und ruhte am siebten Tage von aller seiner Arbeit, die er vollbracht hatte. Und Gott segnete den siebten Tag und heiligte ihn; denn an ihm hat Gott von seinem ganzen Schöpfungswerk und seiner Arbeit geruht.

a Dies ist die Entstehungsgeschichte des Himmels und der Erde, als sie geschaffen wurden.

b Zur Zeit, als Gott der HERR Erde und Himmel schuf, als es auf der Erde noch keine Sträucher auf dem Felde gab und noch keine Pflanzen auf den Fluren gewachsen waren, weil Gott der HERR noch keinen Regen auf die Erde hatte fallen lassen und auch noch keine Menschen da waren, um den Ackerboden zu bestellen – es stieg aber ein Wasserdunst von der Erde auf und tränkte die ganze Oberfläche des Erdbodens –: da bildete Gott der HERR den Menschen aus Erde vom Ackerboden und blies ihm den Lebensodem in die Nase; so wurde der Mensch zu einem lebenden Wesen. Hierauf pflanzte Gott der HERR einen Garten in Eden nach Osten hin und versetzte dorthin den Menschen, den er gebildet hatte. Dann ließ Gott der HERR allerlei Bäume aus dem Erdboden hervorwachsen, die lieblich anzusehen waren und wohlschmeckende Früchte trugen, dazu auch den Baum des Lebens mitten im Garten und den Baum der Erkenntnis des Guten und des Bösen (oder: von Gut und Böse). Es entsprang aber ein Strom in Eden, um den Garten zu bewässern, und teilte sich von dort aus, und zwar in vier Arme.

Der erste heißt Pison: dieser ist es, der das ganze Land Hawila umfließt, woselbst sich das Gold findet,

und das Gold dieses Landes ist kostbar (oder: gediegen); dort kommt auch das Bedolachharz (= Edelharz) vor und der Edelstein Soham (= Chrysopras?). Der zweite Strom heißt Gihon: dieser ist es, der das ganze Land Kusch (= Äthiopien) umfließt. Der dritte Strom heißt Hiddekel (= Tigris): dieser ist es, der östlich von Assyrien fließt; und der vierte Strom ist der Euphrat. Als nun Gott der HERR den Menschen genommen und ihn in den Garten Eden versetzt hatte, damit er ihn bestelle und behüte, gab Gott der HERR dem Menschen die Weisung: »Von allen Bäumen des Gartens darfst du nach Belieben essen; aber vom Baum der Erkenntnis des Guten und des Bösen – von dem darfst du nicht essen; denn sobald du von diesem isst, musst du des Todes sterben.«

Hierauf sagte Gott der HERR: »Es ist nicht gut für den Menschen, dass er allein ist: ich will ihm eine Hilfe schaffen, die zu ihm passt (oder: ihm zur Seite stehe).« Da bildete Gott der HERR aus Erde alle Tiere des Feldes und alle Vögel des Himmels und brachte sie zu dem Menschen, um zu sehen, wie er sie benennen würde; und wie der Mensch sie alle (= jedes einzelne) benennen würde, so sollten sie heißen. So legte denn der Mensch allem Vieh (= allen zahmen Tieren) und den Vögeln des Himmels und allen wilden Tieren Namen bei; aber für einen Menschen fand er keine Hilfe (oder: Gehilfin) darunter, die zu ihm gepasst hätte. Da ließ Gott der HERR einen tiefen Schlaf auf den Menschen fallen, so dass er einschlief; dann nahm er eine von seinen Rippen heraus und verschloss deren Stelle wieder mit Fleisch; die Rippe aber, die Gott aus dem Menschen genommen hatte, gestaltete er zu einem Weibe und führte dieses dem Menschen zu. Da rief der Mensch aus: »Diese endlich ist es: Gebein von meinem Gebein und Fleisch von meinem Fleisch! Diese soll ›Männin‹ heißen; denn vom Manne ist diese genommen.« Darum verlässt ein Mann seinen Vater und seine Mutter und hängt seinem Weibe an, und sie werden ein Fleisch sein. Und sie waren beide nackt, der Mensch (oder: Mann) und sein Weib, und doch schämten sie sich nicht (voreinander).
(Übersetzung: Hermann Menge)

Mit anderen Worten…

„Die Bibel ist das Buch, ohne das man nichts versteht. (…) Nicht Bach, nicht Michelangelos Pietà und nicht den Prolog zum Faust, der mit Motiven des Buches Hiob spielt. Das, mag man einwenden, gehe nur die Kulturleute und Bildungsbürger an. Aber ohne die Bibel ist auch ein Naher Osten nicht zu begreifen, wo Archäologen mit der Heiligen Schrift in der Hand nach Überbleibseln aus der Erzväterzeit graben und israelische Siedler darauf ihre Ansprüche gründen. (…) Die Bibel dürfte das einzige Werk sein, dem sein Platz auf allen Listen sicher ist. Fromme Zumutungen sind damit nicht verbunden. Das ist das Schöne an Buchreligionen wie Judentum, Christentum oder auch Islam: Man kann sich mit ihnen vertraut machen, ohne sich ihren Riten und Lebensformen zu unterwerfen, ohne koscher zu essen, nach Mekka zu wallfahren oder in die Messe zu gehen, sogar ohne das Kreuz im Klassenzimmer. Glauben - das ist eine andere Sache. Aber Lesen sollte schon sein."
Jan Ross: Faust, Freud, Bach und Bibel, in: DIE ZEIT 14/2002 (Auszüge)

****

„Zu den wirkmächtigsten Überlieferungen der Bibel gehören Erzählungen. Vom Paradies erzählen sie und vom Babelturm, von Kain und Abel, vom Verlorenen Sohn und von vielem anderen. – Fragen wir deshalb: Welche Funktionen erfüllen Erzählungen, und was können literarische Erzählungen bewirken? Wenn wir herausfinden wollen, wer wir sind, müssen wir Geschichten erzählen. Aus unserer Kindheit vielleicht, von bedeutsamen Erlebnissen und Begegnungen, von Enttäuschungen, Ängsten und Hoffnungen. Indem wir so erzählen, ordnen und bewerten wir unser Leben: Wir stellen einen zeitlichen Rahmen her, und wir markieren, was uns geprägt hat. Unser Leben, das ist schließlich nichts anderes als die Summe unserer Geschichten. Und diese Summe unserer Geschichten bildet den Horizont, vor dem wir die Erzählungen anderer hören oder lesen. Erzählungen anderer – auch literarische Erzählungen – gestatten nämlich, die eigene Welt probeweise zu verlassen. Hörerinnen und Hörer schlüpfen in eine fremde Wirklichkeit und können so ihre eigene Identität spielerisch erweitern."
Aus: R. Kaldewey / F. W. Niehl, Grundwissen Religion, München 2009, 105f

75

„Wir hören solche Sagen, Mythen oder Legenden, solche Traum-erzählungen oder Märchen fasziniert oder mit Abscheu, jedoch selten ohne starke gefühlsmäßige Anteilnahme, weil sich in ihnen etwas zutiefst Menschliches ereignet, das an unser eigenes Unbewusstes rührt. Unter dem einmaligen Geschehnis der Vergangenheit spüren wir allgemeine Menschheits-erfahrungen und Erlebnisse, wie sie im Grund jeder von uns besitzt. Solche wiederkehrenden Motive, die uns Auskunft geben über menschliches Leben, seine Krisen und Chancen, seine Gefährdungen und Konflikte können wir Urbilder nennen. Wo immer solche Urbilder auftauchen, geht es nicht um ein historisches Damals, sondern um ein ständig gegenwärtiges Heute. Die Bibel ist in dem Sinne ein Menschheitsbuch, als sich gerade in ihr zahlreiche solcher Urbilder finden."
Helmut Kurz: Entdeckungen in der Bibel, München 1988, 80

****

„Dieses Buch verdient es, gelesen und erforscht zu werden — nicht nur als Glaubensdokument, sondern auch als historische Aufzeichnung von Gedanken, Ansichten, Erfahrungen, Taten, von Liebe und Hass, von Vorurteilen und Meinungen der Menschen, die am Beginn unserer Zivilisation und Kultur stehen. Die Bibel kann uns dabei helfen, über die großen Fragen des Lebens nachzudenken: Warum es uns gibt, was wir tun sollen, was aus dieser Welt werden wird. Sie kann uns durch ihre Beispiele inspirieren und warnen. Sie kann uns dazu anstacheln, der Wahrheit zu folgen, Unterdrückung zu bekämpfen, für Gerechtigkeit zu arbeiten, nach Frieden zu verlangen. Sie kann uns dazu anregen, das Leben bewusster zu leben, als wir es jetzt tun. Sie kann uns ermutigen, mehr für andere zu leben und nicht nur für uns selbst. Solche Lektionen werden in der Menschheitsgeschichte zu keiner Zeit passé sein, und nie werden die Gedanken wichtiger religiöser Denker der Vergangenheit bedeutungslos sein für die, die heute leben und denken."
Bart D. Ehrman: Jesus im Zerrspiegel, Gütersloh 2010, 325

****

„Wir können die Bibel nicht verwenden wie ein Kochbuch. Es geht darum, in den Wörtern das Wort zu finden, indem wir uns die Zeit nehmen, es immer wieder zu lesen. Wenn wir einen Menschen verstehen wollen, müssen wir uns auch Zeit lassen und oft hinter seine Worte schauen und uns in ihn hineinversetzen. Das, was er sagt, steht oft in Spannung zu dem, was er eigentlich sagen will, und ist im Grunde nur aus seiner persönlichen, individuellen Erfahrung heraus zu verstehen. (…) Ein Bibeltext ist erst dann wirklich verstanden, wenn aus dem intellektuellen Verständnis auf dem Weg über die Einfühlung ein existenzielles, persönliches Einverständnis geworden ist. Wenn wir uns die dort berichteten Erfahrungen zu eigen machen und unser Leben zur Antwort darauf wird. Das Verstehen der biblischen Texte ist erst zu seinem Ziel gekommen, wenn es in ein Einverständnis unsererseits mündet. Wenn das Wort vom Kopf in das Herz rutscht und von dort aus Hände, Mund und Füße aktiviert."

Klaus Douglass: Glaube hat Gründe, Freiburg 2010, 54f.59

****

„Die Bibel möchte Glauben bezeugen und für den Glauben werben. Sie muss darum sozusagen „von unten" gelesen werden, also von der Welt, von den Menschen her. Sie ist ein Werk, geschaffen „durch Menschen nach Menschenart". Deshalb ist es zum richtigen Verständnis notwendig, „genau auf die vorgegebenen umweltbedingten Denk-, Sprach- und Erzählformen zu achten, die zur Zeit des Verfassers herrschten, wie auf die Formen, die damals im menschlichen Alltagsverkehr üblich waren". Wir sind es den Menschen, die uns die Texte der Bibel aufgeschrieben haben, schuldig, uns ernsthaft und ehrlich um ein richtiges Verständnis der Texte zu bemühen. Der Respekt gegenüber den biblischen Autoren gebietet uns, sorgfältig nach dem zu fragen, was sie damals tatsächlich mitteilen wollten. Wir besitzen kein Recht, aus der Bibel etwas ganz anderes herauszulesen als das, was die Menschen damals in sie hineingeschrieben haben. Eine genaue Prüfung der Bibel und ihrer Aussagen, ihrer historisch überlieferten vermeintlichen Tatsachen, ihrer Denk- und Vorstellungsformen ist unerlässlich. Diese Arbeit ist mühsam."

Norbert Scholl: Die Bibel verstehen, Primus-Verlag, Darmstadt 2004, 9f

5

Wenn die passenden Worte fehlen

Woher stammt eigentlich das Wort „Gott"? Ich meine, irgendwer muss es doch mal erfunden haben. Oder liege ich da so falsch?

Alle Wörter sind menschlichen Ursprungs. Das Wort Gott hat uralte Wurzeln im germanischen Sprachraum, deren einzelne Bedeutungen jedoch umstritten sind. Aber die sprachlichen Quellen bringen uns erstmal nicht viel weiter. Es ist eben ein Wort unserer Sprachkultur, eine Art Gattungsbegriff, der alles und nichts sagt.

Wenn mich zum Beispiel jemand fragt, ob ich an Gott glaube, muss ich mich weigern, mit einem knappen Ja oder Nein zu antworten. Ganz einfach, weil ich nicht weiß, was der Frager in seinem Kopf mit dem Wort Gott verbindet. Meine Zustimmung oder Verneinung verbindet er automatisch mit seiner mitgebrachten Vorstellung, die ich nicht kenne. Also lautet zuerst meine Rückfrage: Welchen meinst du? Das ruft meist ein skeptisches Stirnrunzeln hervor.

Aber wenn diese Frage hierzulande gestellt wird, im sogenannten christlichen Abendland, wird man doch voraussetzen dürfen, dass man von einer gemeinsamen Vorstellung ausgeht, oder nicht?

Das scheint mir eine trügerische Annahme. Spätestens nach ein paar Sätzen zeigen sich wahrscheinlich die ersten Differenzen, auch innerhalb der gleichen Glaubenstradition. Vielleicht muss man sogar sagen: Eine Gottesvorstellung ist so individuell, dass es dabei kaum Zwillinge gibt, wohl aber unterschiedliche Verwandtschaftsgrade im Glauben. Das vergleichende Gespräch kann sich ja auch nur des gemeinsamen Wortschatzes bedienen und da kommen leicht manche gedanklichen Inhalte an ihre sprachliche Darstellungsgrenze. Das eigene Denken und Fühlen angemessen in Worte zu kleiden bleibt immer ein Kunstgriff. Und auch wenn ich selber den Eindruck habe, mich verständlich ausgedrückt zu haben, weiß ich immer noch nicht, was in den Ohren des Anderen angekommen ist. –

Aber bleiben wir doch bei deiner Idee, es sei ein „erfundener" Begriff. Natürlich ist er das. Da Worte und Begriffe immer etwas darstellen, bezeichnen und vermitteln wollen, das sie ja nicht selber sind, stellt sich immer die Frage nach dem Inhalt, der Bedeutung eines Wortes. Bei sinnlich wahrnehmbaren Objekten ist das noch vergleichsweise simpel.

79

Wenn es aber um abstrakte Inhalte geht, wird es um Längen schwieriger. Wenn ich etwa „Stuhl" sage, wirst du im Prinzip wissen, was ich meine.

Wenn es aber um Begriffe wie beispielsweise Liebe oder Gerechtigkeit geht, kann ich keineswegs unterstellen, dass wir automatisch darüber das Gleiche im Kopf haben. Die Wahrheit über gemeinsame oder sogar widersprüchliche Auffassungen wird erst der weitere Austausch zeigen.

Das erinnert mich an die Gespräche, die ich mit meiner Frau geführt habe als wir uns kennenlernten. Unsere Vorstellungen von Liebe, Ehe und Familie gingen damals leicht auseinander. Erst nach vielen langen Abenden waren wir uns soweit einig, dass wir das nicht mehr diskutieren mussten. Dabei habe ich viel durch ihre weibliche Sichtweise gelernt, da Frauen nun mal anders denken als Männer. Und ich lerne immer noch.

Also: Wenn Worte auf etwas hindeuten, etwas Gemeintes durch Laute transportierbar machen, stellt sich gerade bei dem Wort Gott die Frage, für was es steht und was der Sprecher damit meint. Welche Erfahrungen stehen dabei im Hintergrund?

Bei unseren Vorfahren in vorgeschichtlicher Zeit waren die Erscheinungen der Natur schicksalhafte Mächte, denen sie sich weithin hilflos ausgesetzt sahen.

Blitz und Donner, Regen und Dürre, Überschwemmungen und Krankheiten, die Fruchtbarkeit bei Tier und Mensch, Vorgänge, die Tod oder Leben bedeuten konnten.

Sie sahen hinter diesen Erscheinungen offenbar unsichtbare Verursacher am Werk, die den eigenen Kräften und Möglichkeiten weit überlegen waren. Diese ungreifbaren Mächte wurden dann mit der Zeit personalisiert, also wie eine Art übermenschliches und allmächtiges Gegenüber verstanden.

So wurden die ersten „Götter" geboren, die jeweils für verschiedene Naturphänomene zuständig erklärt wurden. Zugleich wurde aber deren „Wirken" als recht willkürlich wahrgenommen, wodurch die typisch menschliche Neigung zu einem Ursache-Wirkung-Denken schließlich zur Praxis des Opfers geführt hat. Die unberechenbaren Götter mussten bei Laune gehalten werden, um die lebensnotwendige Ernte zu sichern usw.

Das waren die ersten Erfahrungen mit Transzendenz, also mit einer Wirklichkeit, die jenseits der sinnlichen Erfahrung liegt. Die Götter waren da, waren überall wirksam, aber selber nicht zu greifen. Nach dem Aufkommen der Schrift spiegelt sich dieses Denken in zahlreichen Mythologien wieder, die wir heute noch kennen.

Die mythischen Göttergestalten der Griechen, Römer und Germanen. Davon habe ich in Jugendtagen auch gelesen. Das waren spannende Abenteuergeschichten.

Solche Mythen gab es bei allen Völkern. Das waren ihre in Geschichten erzählte Deutung der Welt. Für sie waren es aber nicht nur Geschichten, es war buchstäblich die Wahrheit darüber, wie alles letztlich zusammenhängt, warum etwas geschieht.

Wir leben nicht mehr in dieser Denkwelt. Diese Erzählungen hören wir heute anders als die Menschen damals. Die Naturwissenschaften haben in den letzten Jahrhunderten andere, eben „natürliche" Ursachen für Blitz, Donner, Erdbeben oder Krankheiten herausgefunden, so dass die altüberlieferten Götter Schritt für Schritt arbeitslos wurden und ihre Bedeutung verloren.

Trotzdem haben die Mythen ihre Faszination nicht eingebüßt. Nicht nur, dass sie auch heute noch gern gelesen werden, insbesondere das Kino hat begeistert immer wieder auf diesen Fundus von Abenteuer und Action zurückgegriffen. Zeus, Herkules & Co. Waren plötzlich auf der Leinwand zu sehen.

Oder auch „Der Herr der Ringe" und „Der Hobbit", die schon als Bücher von J. R. R. Tolkien sehr erfolgreich waren, in denen er viele Motive der nordischen Mythologie verarbeitet hatte.

Das klingt so, als hätte sich die Religion durch die „Aufklärung" der Naturwissenschaften schon längst auflösen müssen, da es keinen Grund mehr gab, an Götter oder auch nur einen Gott zu glauben.

Das ist aber nicht der Fall. Und schon nach unserem ersten Gespräch habe ich verstanden, dass die Religion einen tieferliegenden Charakter hat. Das klärt für mich aber noch nicht den Grund, weiterhin an ein göttliches Wesen zu glauben.

Nun, versuchen wir es der Reihe nach. Religionsgeschichtlich war es ein revolutionärer Sprung vom Polytheismus, also dem Glauben an die Existenz vieler Götter, hin zum Monotheismus, dem Glauben an einen einzigen Gott. Einen ersten Versuch in diese Richtung kennen wir aus dem alten Ägypten, wo der Pharao Echnaton vor über 3000 Jahren nur noch den Sonnengott Aton verehren ließ. Nach seinem Tod übernahmen allerdings die Priester der durch ihn abgeschafften Götter das Regiment. Jahrhunderte später gewann der monotheistische Glaube bei den Israeliten zunehmend an Gewicht. Doch es war ein langer Kampf bis sich der Ein-Gott-Glaube durchgesetzt hatte. Das Alte Testament erzählt an vielen Stellen von dieser Auseinandersetzung der Glaubensrichtungen. Der dann fest verankerte Monotheismus des Judentums wurde in der Folge auch die Basis des Christentums.

Bis in die Neuzeit war der biblische Gott die logisch-erklärende Antwort auf die Fragen nach dem Ursprung der Welt und den Ereignissen im Leben.

Es war ein geschlossenes Denksystem, das scheinbar keine Lücken kannte. Gott war der, der über alles herrschte, der belohnte und bestrafte, dessen ultimative Autorität und Macht niemand bezweifelte. Die Kirche sah sich als die weltliche Vertretung Gottes und festigte dadurch ihre irdische Macht. Ihre Sicht und Autorität in Zweifel zu ziehen, bedeutete faktisch, Gott zu kritisieren. Das war ungeheuerlich und endete für die Andersdenkenden meist tödlich. Das hat sich zum Glück geändert.

Wenn ich recht weiß, waren früher auch Könige und Kaiser „von Gottes Gnaden" in ihren Ämtern. Gott war also nicht nur für kirchliche Würdenträger die unantastbare Begründung für ihre gesellschaftliche Stellung, auch die weltlichen Herrscher nutzen den göttlichen Legitimationsschirm.

Das garantiert nicht nur die ungestörte Machtausübung, es ist auch eine bequeme und sehr wirkungsvolle Methode, jede Opposition schon im Keim zu ersticken.

Ein wenig erfreuliches Kapitel der Geschichte, in das sich wohl niemand zurückwünscht.

Was es aber überdeutlich vor Augen führt ist die umfassende gesellschaftliche Wirkungskraft der allseits geteilten Idee: Gott ist der oberste Herrscher, der Gehorsam und Wohlverhalten fordert und in der Konsequenz als Belohner oder Bestrafer gesehen wird. Das ist nur eine von vielen Gottesvorstellungen, die in den Köpfen zahlreicher Menschen sehr aktiv gewirkt haben – und zum Teil immer noch anzutreffen sind.

Ich muss gestehen, dass mir diese Vorstellung sehr vertraut ist, weshalb ich dem Gottesglauben auch zunehmend mit Abstand begegnet bin, ja, mich umgekehrt eher als Atheisten beschrieben habe - wenn auch nicht besonders reflektiert. Das war für mich kein Gott, mit dem ich etwas zu tun haben wollte.

Kann ich gut verstehen. Gerade diese Gottesvorstellungen werden seitens der Psychologie als „dämonische Gottesbilder" bezeichnet, weil sie vor allem Angst schüren und so die Seele vergiften. Das kann nicht Gottes Wille sein. –
Auch die Bibel kennt eine Vielzahl von Gottesbildern. Gott wird wechselweise als Schöpfer, Richter, Heerführer, Burg, König, Hirte usw. beschrieben. Größtenteils männlich geprägte Vorstellungen, da die Interpretation der Schriften und die lehrende Weitergabe der Tradition in Israel den Männern vorbehalten war.

Dennoch gibt es im Alten Testament auch einige Texte, die von Gott in weiblichen Vergleichen sprechen, etwa als Amme oder tröstende Mutter. Allerdings konnten sie in ihrer patriarchalischen Umwelt leider nie zu einer dominierenden Form der Gottesrede aufblühen.

Steht aber nicht auch im Alten Testament etwas von einem Verbot von Gottesbildern? Wie passt das dann zusammen?

Ja, das stimmt. In den Zehn Geboten wird diese Anweisung ausgesprochen: „Du sollst dir kein Kultbild machen…" (Exodus 20,4). Damit waren ganz handgreiflich reale Götterfiguren gemeint, geschnitzte Statuen, die der Anbetung dienten und zugleich den Gott in sinnliche Nähe brachten.

Das will die Bibel ausschließen. Der biblische Gott ist unsichtbar anwesend, aber nicht darstellbar. Das wird treffend in einer Szene unterstrichen, in der Moses die entscheidende Begegnung mit Gott erlebt. Als Moses am Ende fragt, wie er den Israeliten denn den Gott vorstellen solle, in dessen Auftrag er zu ihnen komme, da erhält er zur Antwort: „Ich bin, der ich bin" (Exodus 3,14). Andere Übersetzer des dort genannten Gottesnamens JHWH formulieren: „Ich bin da, als der ich da bin" oder „Ich werde sein, wer immer ich sein werde". Das ist eine schwierige Stelle, über die bis heute diskutiert wird.

Der Gott, von dem hier die Rede ist, lässt sich nicht in irgendwelchen Gegenständen dingfest machen, auch nicht an bestimmten Orten, wie dem Jerusalemer Tempel. Dieser Gott entzieht sich dem menschlichen Zugriff, er muss ständig neu gesucht und will immer wieder neu und anders erfahren werden. Das bleibt eine anstrengende Herausforderung.

Darf sich der Gläubige folglich gar keine Vorstellung von Gott machen? Die christlichen Kirchenhäuser, wenigstens die katholischen, sind doch voll von Bildern mit Gott und den Engeln.

Natürlich lässt sich die Phantasie nicht verbieten. Wir dürfen uns im Geiste selbstverständlich ein „Bild" von Gott machen, solange uns bewusst bleibt, dass es bloß subjektive Vorstellungen sind. Erst wenn diese Vorstellungen verobjektiviert werden, also jemand den Anspruch erhebt, dass Gott genau so sei, müssen in allen Ohren die Alarmglocken läuten. Kirchenwände und Museen belegen eben die vielfältige Einbildungskraft der Künstler.

Sie kommen lediglich unserer tiefsitzenden Neigung entgegen, das Unsichtbare dennoch irgendwie vor Augen zu führen. Das ist völlig in Ordnung, wenn die Vorläufigkeit der gemalten oder gedachten Bilder gewahrt bleibt.

Gerade gegenüber Kindern, mit denen man irgendwo solche Bilder anschaut, sollte immer wieder betont werden: Nein, so sieht Gott nicht aus. So hat sich nur der Künstler Gott vorgestellt.

Die gebotene Zurückhaltung in der Vorstellbarkeit Gottes ist übrigens auch amtliche kirchliche Lehre. Im Hochmittelalter wird auf dem Laterankonzil (1215) die folgenreiche Feststellung getroffen:
„Denn zwischen dem Schöpfer und dem Geschöpf kann man keine so große Ähnlichkeit feststellen, dass zwischen ihnen keine noch größere Unähnlichkeit festzustellen wäre" (DH 806). Also: Für die endlichen und begrenzten Geschöpfe ist es unmöglich, den ewigen und unbegrenzten Schöpfer zu begreifen. Denn ein Gott, der vorstellbar und begreifbar wird, ist nicht wirklich Gott, wenigstens in der Konsequenz biblischen Denkens. Der alttestamentliche Gottesname JHWH bleibt deshalb auch so dunkel und mysteriös. Es ist kein Name, wie wir Namen für Dinge oder Personen haben, durch die wir sie identifizieren und eine gewisse Macht über sie haben. Die Bibel lässt Gott in diesem Sinne ungreifbar namenlos.

Was ich vorhin fragte, welche Gründe dafürsprechen, überhaupt an ein „überweltliches Wesen" zu glauben, ist mir noch nicht plausibel. – Aber an der Stelle interessiert mich noch ein anderer Punkt.

Du hast gesagt, dass der Gottesglaube in der Neuzeit durch die wachsenden Erkenntnisse der Naturwissenschaften immer fragwürdiger und bedeutungsloser wurde. Wenn ich mich recht erinnere, gab es aber doch die höchst rationalen Denkmodelle der sogenannten Gottesbeweise, die ihrerseits doch nicht von der Wissenschaft widerlegt werden können. Was hat es damit auf sich?

Die „Gottesbeweise" sind wirklich ein ausgesuchtes Stück philosophisch-theologischer Gedankenakrobatik. Doch schon der Begriff für diese ausgefeilten Denkmodelle ist wenigstens irreführend, denn zwingende Beweise im Sinne einer mathematischen Beweisführung können sie nicht sein. Diesen Anspruch erheben sie auch gar nicht. Ein ultimativer Beweis für die Existenz Gottes würde nicht nur dem Glauben widersprechen, er würde ihn aufheben. Sie sind korrekter als vernünftige Aufweise zu verstehen, dass der Glaube nicht rundum irrational ist, sondern dass Vernunft und Glaube keine konkurrierenden Gegensätze sind, sich umgekehrt gegenseitig ergänzen.

Ein klassisches Beispiel dafür haben wir in unserem letzten Gespräch über die Schöpfung schon kurz skizziert.

Du meinst die Idee mit Gott als erster Ursache…

Genau. Dieses Argument geht auf den griechischen Philosophen Aristoteles (384-322 v. Chr.) zurück und lautet: Alles, was in dieser Welt existiert, lässt sich auf eine Ursache zurückführen.

Die gesamte Welt muss also auch ihrerseits eine Ursache haben, einen Urheber, der alles in Bewegung gesetzt hat. Dieser Urheber oder Schöpfer der Welt, der seinerseits keine Ursache hat, ist Gott.

Wäre auch Gott verursacht, also nur ein „Produkt", so bliebe die Ursachenkette endlos, ohne Grund und Sinn. Wir haben den Schwachpunkt dieser Argumentation damals schon benannt.

Ich möchte hier nur ein paar ausgewählte Beispiele anfügen, damit wir uns in diese Denkwege nicht unnötig lange verstricken und ich dich nicht zu sehr strapaziere. Mal sehen, ob dir zum Knacken dieser Nüsse etwas einfällt.

Ich will´s gerne versuchen, obwohl ich auf diesem Feld eher ein blutiger Anfänger bin.

Ein anderes berühmtes Argument stammt von Anselm von Canterbury (1033-1109) und lautet sinngemäß: Gott ist das Größte, was von Menschen gedacht werden kann. Dieses Größte schließt alles ein. Dazu gehört auch, dass es real existieren muss.

Denn wäre es bloß als vollkommen gedacht, also nur in unserer Vorstellung, so wäre es nicht vollkommen, da ihm die reale Existenz fehlen würde. Ein unvollkommenes Wesen wäre aber nicht das größte, das wir uns denken können. Da wir die Idee „Gott" besitzen und damit das höchste Wesen meinen, muss es folglich auch existieren.

Die beiden folgenden Ansätze gehen auf Thomas von Aquin (1225-1274) zurück. Er argumentiert zum Beispiel (Kontingenz-Argument):

Alles was existiert, erhält seine Notwendigkeit durch etwas Anderes. Dinge haben die Möglichkeit, zu sein oder nicht zu sein, Dinge also, die werden und vergehen. Wenn aber alle Dinge die Eigenschaft haben, auch irgendwann einmal nicht zu sein, dann waren sie irgendwann auch einmal nicht, dann war also irgendwann einmal nichts. Aus nichts kann aber nichts werden. Nur durch etwas, das bereits ist, kann etwas aus der Möglichkeit zur Wirklichkeit gelangen. Es muss also etwas geben, das nicht bloß möglich ist, sondern von sich aus notwendig. Und das nennen alle Gott.

Und das andere Thomas-Argument lautet:

Vor allem in der Natur laufen viele Prozesse ganz offensichtlich zielgerichtet ab. Es gibt eine Ordnung der Dinge, die wir auch als Naturgesetz bezeichnen:

von den Regeln der Zellteilung bis hin zu den berechenbaren Bahnen der Planeten. Die Kräfte, die ordnend und zweckmäßig auf die Materie einwirken, kommen nicht von ungefähr. Sie können ihrerseits kein blindes Zufallsprodukt sein. Jede Ordnung belegt durch ihr Dasein und ihr Funktionieren eine im Hintergrund stehende Vernunft. Die Ordnung dieser Welt weist zweifelsfrei auf eine schöpferische Vernunft hin, die wir Gott nennen.

Du hattest völlig Recht. Für den philosophischen Laien sind das echt harte Nüsse. Spontan weiß ich nicht, wie ich angemessen dagegen argumentieren könnte.

Ich will es darum so kurz und einfach wie möglich auf den Punkt zu bringen.

Anselms (sogenanntes „ontologisches") Argument enthält nämlich einen gedanklichen Trugschluss, von einem Begriff auf die faktische Existenz des Gemeinten zu schließen. Die Existenz ist jedoch keine Eigenschaft einer Sache, wie Anselm unterstellt. Er betrachtet sie aber sogar als eine notwendige Eigenschaft, weshalb dadurch das Dasein Gottes logisch konsequent sei. Das ist aber ein fälschlicher Gebrauch des Begriffs. Mit diesem definitorischen Zaubertrick könnte man ansonsten auch die reale Existenz jedes anderen angenommenen Wesens belegen, indem man das Existieren zu dessen notwendiger Eigenschaft erklärt. Schon wäre das reale Vorkommen von Elfen und

Einhörnern eindeutig bewiesen.

Die beiden genannten Denk-Wege des Thomas von Aquin schließen von den empirischen Beobachtungen und Erfahrungen in dieser Welt auf das Dasein Gottes. Thomas geht grundsätzlich von einer Welt aus, die Gott nach vernünftigen Gesichtspunkten geschaffen hat und deren Ordnung der Mensch mit der Vernunft zu durchschauen in der Lage ist.

Wenn wir heute aber die Welt als das Ergebnis einer langen und teils sprunghaften Evolution erklären, auch die gnadenlose Brutalität zwischen den Lebewesen beobachten, genauso wie die schmerzliche Erfahrung, dass bereits Kinder einen grausamen Krebstod sterben können usw. - dann wachsen eher Zweifel und Skepsis, ob Gott diese Welt wirklich so gut und vernünftig eingerichtet hat. Thomas´ Argument klingt dann schon weniger plausibel.

Von der Welt, also unseren Beobachtungen und Erfahrungen, mehr oder weniger logisch direkt auf Gott zu schließen, bleibt ein problematisches Unternehmen. Auch das Kontingenz-Argument, nach dem alles Existierende auch nicht sein könnte, die Welt offensichtlich keinen in ihr selbst liegenden Grund zum

Dasein besitzt, weshalb man konsequent die Existenz
von etwas aus sich Notwendigem annehmen müsse, ist
nicht wirklich stichhaltig. Hier wird vom Teil auf das
Ganze ein trügerischer Fehlschluss eingesetzt. Das ist
so, als würde man behaupten: Jeder Mensch hat eine
Mutter, also muss auch die Menschheit eine Mutter
haben. Das wäre offenbar Humbug. –

Puh, ich will nun nicht den Eindruck erwecken, als hätte ich bei
diesen Kletterübungen wirklich mithalten können. Ich denke aber
verstanden zu haben, wo die Haken liegen und dass all diese
Versuche nicht das angestrebte Ziel erreichen. Mit Beweisen ist
die Frage nach Gott also nicht zu klären.

... und mit Gegenbeweisen auch nicht. Aus etwa den
gleichen Gründen wird auch jeder Kritiker des Glaubens
scheitern müssen, wenn er wiederum mit vermeintlich
logischen Argumenten beweisen will, dass es keinen
Gott gibt. Der Streit der Positionen lässt sich praktisch
auf dieser Ebene nicht führen, wenn man intellektuell
redlich bleiben möchte.
Zudem: Was gilt überhaupt als „Beweis"? Was Herr A
für einen schlagenden Beweis hält, muss Herrn B nicht
unbedingt einleuchten. Allgemein gilt: ein Beweis ist
eine Erkenntnisquelle, die die Wahrheit oder Unwahr-
heit einer Behauptung belegt.

In der Logik etwa gilt als Beweis eine Reihe von logischen Schlussfolgerungen, die die Wahrheit eines Satzes auf etwas zurückführen soll, das bereits als wahr anerkannt wurde. Die Mathematik verlangt als Beweis eine fehlerfrei anerkannte Herleitung der Richtigkeit bzw. der Unrichtigkeit einer Aussage aus einer Menge von Axiomen, die als wahr vorausgesetzt werden.

Du merkst schon: Auf der Straße der Rationalität allein lassen sich Glaubensaussagen hinsichtlich ihrer Wahrheit nicht bewahrheiten und nicht widerlegen. Das Problem ist ähnlich gelagert, wenn ich dich frage, ob du einen Beweis vorlegen kannst, dass du deine Frau liebst – und sie dich liebt.

Ich fürchte, ich werde keinen derart objektiven Beweis für einen Außenstehenden erbringen können, der nicht irgendwie angezweifelt werden könnte.

Dennoch ist für euch beide eure gegenseitige Liebe eine Tatsache, die nicht in Zweifel steht, die ihr aber auch nicht mit noch so viel Kopfarbeit rational „begründen" könntet. Wirkliche Liebe hat tiefere Gründe als der Verstand ausloten kann. Sie „begründet" sich aus sich selbst. Wenn man dafür einen absichernden Beweis verlangen wollte, wäre das nur ein deutliches Zeichen für die eigene Unkenntnis und Unreife.

Ich möchte aber nun zurückkommen zu meiner Frage, was heute noch dafürspricht, an Gott zu glauben.

Lass mich dazu an dieser Stelle vorab nochmals eine negative Abgrenzung vornehmen, die unsere bisherigen Überlegungen ansatzweise bilanziert:

Gott ist kein übersinnliches, quasi außerirdisches oberstes Wesen, das irgendwo im Kosmos haust und von dort aus alles irdische Geschehen überblickt und kontrolliert.

Gott ist auch nicht der ursprüngliche Weltbaumeister, der zu Beginn das Uhrwerk dieser Welt in Gang gesetzt hat, die Welt aber dann ihren eigenen natürlichen Gesetzen überlassen hat.

Gott ist grundsätzlich kein Teil, kein Zustand und keine Eigenschaft unseres physikalischen Universums. Gott gehört nicht in das erforschbare Gewebe unserer Wirklichkeit, die wir mit Sinnen und Verstand begreifen können.

Was für eine zeitgemäße und verantwortliche Gottesrede noch bleibt, könnte man vielleicht vorsichtig als existenzielle Tastversuche, sozusagen als ein kritisch-hinweisendes Denken umschreiben.

Die Zeiten einer allzu vollmundigen Sprache in Kirche und Theologie, die den Eindruck erweckte, über das Wesen Gottes ziemlich genau Bescheid zu wissen, gehören endgültig der Vergangenheit an.

Beginnen wir erneut mit der Frage: Wofür steht das Wort „Gott"?

Nach Gott zu fragen und zu suchen, nimmt seinen Anfang stets bei den widersprüchlichen Realitäten unseres Daseins. Wir erleben, neben allen punktuellen Glücksmomenten, auch eine zerrissene, ungerechte und widersinnige Seite des Lebens.

Wir suchen nach einem festen Halt, nach Sinn und Beständigkeit. Kurz: Wir suchen nach etwas Absolutem, dass uns hilft, in der schmerzlichen Begrenztheit und Unvollkommenheit des Lebens bestehen zu können.

Die Welt ist nicht in Ordnung, wir selbst sind nicht in Ordnung. Dieses Urteil können wir aber nur treffen, weil wir als Menschen ein ganz merkwürdiges Teilstück dieser Welt sind. Wir sind, soweit wir wissen, aufgrund unseres Bewusstseins die einzigen Lebewesen, die über den Moment und den Tellerrand hinausdenken können, nach einem Sinn des Daseins und einem tragenden Ur-Grund „hinter" diesem gigantischen, aber unseren Wünschen und unserem Leiden gegenüber teilnahmslos „kalten" Universum.

Nicht nur physische Bedürfnisse prägen unser Leben, wir haben auch sogenannte „metaphysische", existenzielle Bedürfnisse, die tiefer reichen:

Die Suche nach dem Woher der Welt und des Menschen, nach den Gründen der Moral, nach Gerechtigkeit und Sinn. Diese Suche hat Menschen zu allen Zeiten umgetrieben. Weil die Welt ebenso ist, wie sie ist, fördert sie in uns zugleich die Hoffnung nach einem anderen Leben, nach einer Fortdauer der Verstorbenen sowie einer universalen Gerechtigkeit.

Gut, das wird vermutlich niemand ernsthaft bestreiten. Trotzdem höre ich schon die Gegenstimmen: Die Welt ist nun mal so; deshalb sind das alles Wunschträume, realitätsfremde Illusionen, Einbildungen, mit denen wir uns nur etwas vormachen.

Das ist ein beliebter Einwand, nicht nur bezüglich solcher Hoffnungen, sondern auch gegen den Gottesglauben selbst. Wer so argumentiert, greift aber meines Erachtens zu kurz.

Wer also sagt: „So zu denken ähnelt einem Verdurstenden in der Wüste, aber der Durst schafft dir keinen Brunnen herbei. Deine Sehnsucht nach Wasser bleibt eine trostlose Projektion! So ist es auch mit deinem Glauben an Gott!", der unterliegt dennoch einem gedanklichen Trugschluss. Mein aktueller Durst ist natürlich keine Garantie dafür, dass sich irgendwo in der Nähe etwas Trinkbares befindet.

Doch das Phänomen Durst verweist eindeutig darauf, dass es etwas geben muss, das den Durst stillen kann. Ansonsten wären im Laufe der Evolution niemals Lebewesen entstanden, die Durst empfinden können. - Unsere Sehnsucht muss also nicht zwangsläufig ins Leere laufen. An Gott zu glauben kann also einen vernünftigen Grund haben!

Ein anderer Ansatzpunkt: Viele Menschen erwarten heute von der (Natur-)Wissenschaft eine umfassende Erklärung aller Rätsel dieser Welt. Wie wir schon gesehen haben, kann insbesondere die Naturwissenschaft aufgrund ihrer inhaltlichen und methodischen Begrenztheit diesen Anspruch überhaupt nicht erfüllen.

Aus der Naturwissenschaft in naiver Weise eine totale Weltanschauung zu machen zeugt nicht nur von Ignoranz, es unterliegt einem fundamentalen Missverständnis. Wenn ich zum Beispiel alle verfügbaren biologischen Informationen über dich besäße, deinen gesamten genetischen Code kennen würde, so wäre es dennoch vermessen zu behaupten, ich wüsste nun, wer du bist. – Das Ganze ist immer mehr als die Summe seiner Teile! Das gilt für jeden einzelnen Menschen, ebenso für den gesamten Kosmos.

Gegen einen allumfassenden Deutungsanspruch der Naturwissenschaft richten sich zudem eine Reihe von Fragestellungen im Rahmen ihres eigenen Arbeitsfeldes, auf die die Forscher bis heute keine gültige Antwort geben können. Ich kann hier nur ein paar davon benennen:

- Wie konnte im Laufe der Evolution aus „toter" plötzlich „lebende" Materie entstehen?

- Was ist und wie entstand Bewusstsein?

- Wieso gibt es überhaupt Naturgesetze?

- Wie kam es dazu, dass die sogenannten Naturkonstanten derart fein aufeinander abgestimmt sind, dass sie die Entstehung von Leben möglich gemacht haben?

Denn kleinste Abweichungen, etwa bei der Schwerkraft oder den Bindungskräften der Atomteilchen, hätten zur Folge gehabt, dass niemals Leben entstanden wäre. Viele extrem unwahrscheinliche Vorgänge mussten sich zusammenfügen, damit es uns gibt – und wir uns nun darüber Gedanken machen können!

Es gibt also durchaus vertretbare Gründe anzunehmen, dass es mit einer rein materialistischen Deutung der Welt noch nicht getan ist. – Das sind, ich will es nochmals betonen, keine „zwingenden" Beweise für Gott. Niemand muss das so sehen.

Wer lieber bei seiner materialistischen Interpretation bleiben möchte, muss sich jedoch mit einigen offenen Fragezeichen begnügen, die wissenschaftlich nicht zu beseitigen sind. – Der Faktor „Gott" sollte also nicht so schnell vom Tisch gefegt werden.

Das theologisch größere Gewicht kommt aber einem Weg zu, der mit Erfahrungen zu tun hat. Früher hat man Gott weithin im Modus der Erklärung verstanden, als ultimative Antwort auf alle Fragen, für die es keine andere natürliche oder vernünftige Lösung gab. Das hat eine gewisse Berechtigung, reicht aber bei weitem nicht aus, um dem Thema Gott gerecht zu werden.

Wie wir schon im Blick auf die Gottesrede im Alten Testament gesehen haben, beim Gottesnamen JHWH sowie dem Bilderverbot, wird dort schon sehr reflektiert hervorgehoben, dass Gott nicht rational greifbar und begreifbar ist, er sich einer verstandesmäßigen Definition und Erklärbarkeit grundsätzlich entzieht. Zugleich wird aber auch in der Bibel wiederholt davon erzählt, dass Gott dem Menschen unvergleichlich nahe ist und aus Liebe eine Beziehung zu ihm sucht. Damit ist die Möglichkeit von Gotteserfahrungen ausgedrückt. Wir aber kann man Gott, den unergründlichen Ur-Grund erfahren? Welche Art von Erfahrungen sollen das sein? Kurz gesagt, und ich ringe dabei um passende Worte:

Es sind Grenz- oder Tiefenerfahrungen, die sich von unseren anderen Erfahrungen dadurch unterscheiden, dass sich die Wahrheit des Erfahrenen allein aus der Erfahrung selber ergibt.

Es geht – und davon sprechen die großen Mystiker in allen Religionen – um Erfahrungen einer absoluten Wirklichkeit, die das normale Alltagsbewusstsein übersteigen – und für deren Beschreibung die verfügbare Sprache sich als ungeeignet erweist. Das kann mit Freude, Trauer, Angst, Hoffnung, Liebe oder auch dem Anspruch des Gewissens zu tun haben.

Natürlich sind derartige Ausnahme-Erfahrungen sehr persönlich, also subjektiv und lassen sich daher niemals „objektiv" analysieren und kommunizieren.

Wenn jedoch viele Menschen (in allen Religionen, Zeiten und Kulturen) über entsprechende Tiefen- erfahrungen zu berichten wissen, dann wird das zu einem starken Indiz für die Wahrnehmbarkeit einer anderen Dimension der Wirklichkeit, jenseits der materiellen Realität. Eine abenteuerliche Reise nach innen.

Die Bibel enthält zahlreiche Geschichten solcher Gottesbegegnungen, die ein Menschenleben erschüttern und umkrempeln, weil in unvergleichlicher Weise tiefe Einsichten gewonnen wurden, nach denen man nicht mehr so weiterleben kann wie zuvor.

Da es stets um Inhalte geht, die sich dieser Mensch nicht selber ausgedacht hat (und haben kann), spricht man in solchen Fällen von „Offenbarung". Gott „zeigt sich", wenn auf menschlicher Seite ein entsprechend bereitwilliges Hören, eine geschärfte Sensibilität für das „Andere" vorhanden ist.

Gott ist nie weit weg. Das meint auch eine schöne Metapher der islamischen Tradition, in der es heißt: Gott ist dir näher als deine Halsschlagader.

So, nun habe ich aber leider wieder viel zu lange geredet, bin über andere wichtige Aspekte des Themas ungeniert hinweggesprungen, habe jedoch das eigentliche Kernstück einer christlichen Gottesrede noch gar nicht erwähnt.

Und das wäre?

Wenn Christen von Gott sprechen, dann geht das nur über eine Brücke, und das ist der Mann aus Nazareth. Wir müssen also beim nächsten Mal über Jesus sprechen...

Mit anderen Worten…

„Es gibt das biblische Gottesbild und damit den biblischen Gott nicht. Alle biblischen Gottesbilder und damit die hinter ihnen stehenden Vorstellungen von Gott haben ihre Entstehung einer bestimmten zeitbedingten Weltsicht und Welterfahrung, d.h. einem bestimmten politischen, gesellschaftlichen und geistigen Umfeld zu verdanken. Ihre Funktion war, die Gläubigen in ihrer spezifischen Situation zu richtigem, d.h. zu „gottgemäßem" Handeln zu bewegen, insbesondere also zu lebens- und gemeinschaftsförderndem Handeln (Ethik). Das heißt, dass biblische Gottesbilder nur im weltanschaulichen und menschlichen Kontext, in dem sie entstanden sind, etwas über Gott aussagen, dass sie demnach ihre Bedeutung in einem anderen Kontext verfehlen."

Hans-Rudolf Stadelmann, Im Herzen der Materie. Glaube im Zeitalter der Naturwissenschaften, WBG, Darmstadt 2004, 34

****

„Die Religionen dieser Welt betonen häufig, dass Gott oder das Heilige jenseits aller Worte, jenseits jeder Sprache stehen. Der halbfachliche Ausdruck dafür ist »unsagbar«. Lao-tse, ein chinesischer Philosoph des sechsten Jahrhunderts vor Christus, nannte das Heilige »Tao«. Die erste Zeile des Tao te king, der Sammlung der ihm zugeschriebenen Lehren, lautet: »Das Tao, das man benennen kann, ist nicht das ewige Tao.« Wenn man dem Heiligen einen Namen gibt, sondert man es vom Rest der Wirklichkeit ab und spricht schon von etwas anderem. Das Heilige, das Tao, ist jenseits aller Worte. (…) Gott ist der Name, den wir dem nicht-materiellen, phantastischen, wundersamen »Mehr« geben, welches das Universum ebenso einschließt, wie Gott es transzendiert. Gott wird als der »allumfassende Geist« verstanden, in dem wir »leben, uns bewegen und sind«, der überall um uns und in uns ist. In Gott ist das Universum, aber Gott ist mehr als das Universum; das Geheimnis, das jenseits aller Namen ist, auch wenn wir das heilige Geheimnis auf unsere verschiedenen Weisen benennen."

Marcus Borg, Heute Christ sein. Den Glauben wiederentdecken, Patmos, Düsseldorf 2005, 79f

„Der Glaube an Gott ist nicht erforderlich, um zu erklären, warum es die Welt gibt - vermutlich bald schon wird eine «Große Vereinigte Theorie», mit Hilfe eines überzeugenden Konzepts der «Quantengravitation», ein physikalisches Weltmodell vorstellen, das auch die Frage der Entstehung des Kosmos plausibel beantwortet; der Glaube an Gott ist buchstäblich «notwendig», um eine Weltdeutung zu ermöglichen, innerhalb derer das Selbstverständnis des Menschen von eben denjenigen Haltungen getragen wird, die Geltung in der Kultur, doch eben nicht in der Natur beanspruchen. Wer sagt: „Ich glaube an Gott", der bekundet damit, dass er nicht aus Angst, sondern aus Vertrauen sein Leben gestaltet sieht, nicht aus dem Kampf ums Dasein, sondern aus dem Respekt vor allem, was lebt, nicht aus der Konkurrenz um Macht und Geltung, sondern aus dem Wunsch, helfend und dienend durch die Dinge zu gehen."
aus: E. Drewermann, Hat der Glaube Hoffnung? Düsseldorf 2000, 204f
****

„Bedenken wir einmal folgende Möglichkeit: Das Wort ,,Gott" soll verschwunden sein, spurlos und ohne Rest, ohne dass noch eine übriggelassene Lücke sichtbar ist, ohne dass es durch ein anderes Wort (…) ersetzt wird. (…) Was ist dann, wenn man diese Zukunftshypothese ernst nimmt? Dann ist der Mensch nicht mehr vor das eine Ganze der Wirklichkeit als solcher und nicht mehr vor das eine Ganze seines Daseins als solchen gebracht. Denn ebendies tut das Wort ,,Gott" (…). Gäbe es das Wort ,,Gott" wirklich nicht, dann wäre auch dieses doppelt eine Ganze der Wirklichkeit überhaupt und des Daseins (…) nicht mehr für den Menschen da. (…) Der Mensch hätte das Ganze und seinen Grund vergessen, und zugleich vergessen (…), dass er vergessen hat. Was wäre dann? Wir können nur sagen: Er würde aufhören, ein Mensch zu sein."
Karl Rahner, Grundkurs des Glaubens, Herder, Freiburg 1984, 56f
****

Gott ist nicht gut und nicht gerecht, nicht vollkommen und nicht allmächtig, Gott ist nicht Vater und nicht Mutter, nicht Geist und nicht Person. Das ist für viele Menschen bestürzend und verstörend – und doch ist es orthodoxe, katholische und evangelische Einsicht, es ist jüdische, christliche und muslimische Lehre.
Andreas Benk: Gott ist nicht gut und nicht gerecht. Zum Gottesbild der Gegenwart, Patmos, Düsseldorf 2008, 9

„Mich beschäftigt weniger die Frage, ob es Gott gibt, als die Frage, wie man das Göttliche im Menschen entfalten kann, in einer Zeit, in welcher der Mensch nichts mehr gilt als Mensch, nur als Rädchen in einem Produktionsvorgang, der sich vom Menschen gelöst hat und ganz automatisch abläuft ohne Rücksicht darauf, ob der Mensch in diesem Räderwerk kaputtgemacht wird. Du kannst immer wieder hören und lesen, dass von »Menschenmaterial« die Rede ist. Material wird benützt. Es hat nur Wert, sofern es benützt werden kann. Hitler ließ die seelisch Kranken in den Nervenheilanstalten mit Giftspritzen töten, weil sie unnütz waren. Und all die jungen Menschen, die in die Kriege getrieben werden, sind denen, die sich vom Krieg Gewinn versprechen, nur »Material«. Und wenn ein Industrieller, der mit chemischen Giftstoffen arbeitet, Leute einstellt, und weiß, dass er sie der Vergiftung ausliefert, so nimmt er sie eben auch nur als Material. Die Herren im alten Rom, die weißen Herren in Südamerika, die nahmen die Sklaven nicht als Menschen, sondern als Material. Und die Staatsmaschinerien versuchen, uns alle einzuteilen in nützliches und unnützes Material. Aber auch die »Sklaven« sehen die »Herren« nur als Schießbudenfiguren, die man »abknallen« darf. Man hat sie ja so erzogen, dass sie im Menschen nicht mehr den Menschen sehen, der ein Kind Gottes ist."

Luise Rinser: Mit wem reden, K. Thienemanns Verlag, Stuttgart 1980, 21f

****

6

Das Maß des Menschlichen

Bei unserem letzten Treffen haben wir über Gott gesprochen. Deine abschließende Bemerkung war, dass wir über Jesus reden sollten, weil er für den christlichen Gottesglauben von entscheidender Bedeutung sei. Dass Jesus immer als der Messias und als der Sohn Gottes dargestellt wird, ist ja allgemein bekannt. Trotzdem kriege ich den Sprung vom allgemeinen Glauben an Gott hin zu der Person Jesus nicht richtig auf die Reihe.

Dazu möchte ich einen kleinen Schritt zurückgehen. Das mehr philosophische Denken hatte über Gott folgende Aussagen treffen können: 1. Er ist unendlich. 2. Er ist unbedingt, ist also selber von keiner anderen Existenzbedingung abhängig, wie alle geschaffenen Dinge. Er ist also nicht geworden, damit auch nicht vergänglich.

Daraus ergeben sich konsequenterweise weitere Feststellungen: 1. Er ist nicht nur größer und ursprünglicher als der gesamte Kosmos. Da alles Geschaffene wesenhaft vergänglich ist, kommt einzig Gott die Qualität dauerhafter Existenz zu.

Alle gewordenen Dinge haben irgendwie Anteil an diesem unvergänglichen Ur-Grund der Welt. Alles ist von Gott umfangen, in ihm eingebettet. – Im Neuen Testament heißt es daher: „Sie sollten Gott suchen, ob sie ihn ertasten und finden könnten; denn keinem von uns ist er fern. Denn in ihm leben wir, bewegen wir uns und sind wir." (Apostelgeschichte 17,27f).

2. Folglich kann Gott nicht als getrennt von der Welt gedacht werden. Er steht der Welt nicht gegenüber, wie etwa ein Künstler seinem Kunstwerk. Er ist allem und jedem zutiefst nahe, innerlich. Im Alten Testament heißt es: „Der Geist des Herrn erfüllt den Erdkreis / und er, der alles zusammenhält, kennt jede Stimme" (Weisheit 1,7).

3. Wenn das alles gilt, darf auch angenommen werden, dass Gott prinzipiell eine Qualität zu eigen ist, die den Menschen als Geschöpf Gottes („Ebenbild") besonders auszeichnet, nämlich Person zu sein. Natürlich ist Gott nicht in der Weise Person wie wir uns als Personen verstehen („die noch größere Unähnlichkeit"), dennoch muss dieser Wesenszug zu ihm als Schöpfer dazugehören. Er ist also auch irgendwie ein „Du", ein Gegenüber, das ansprechbar ist.

Wenn der göttliche Urgrund der Welt und dem Menschen wohlwollend zugewandt ist, er das Leben grundlegend ermöglicht und trägt, dessen positive Entwicklung und Entfaltung fördert, ist das für alle Menschen eine existenziell wichtige Botschaft, die immer wieder in Erinnerung gerufen werden muss.

Dennoch verbleibt dieser so „beschriebene" Gott im Rahmen menschlichen Denkens. Wo und wie wird das alles aber erfahrbar und könnte sich damit bewahrheiten?
Nun kommt das ins Spiel, was „Offenbarung" genannt wird: Im Neuen Testament wird genau davon reichlich Zeugnis abgelegt, dass nämlich Gott in einem konkreten Menschen endgültig erkennbar geworden sei.

Jesus habe durch seine Lehre und sein Handeln unzweifelhaft gezeigt und verkörpert, was und wie Gott wirklich sei. Daher sei er der Messias (griechisch: Christus).
Deswegen ist der Mann aus Nazareth der Schlüssel für die christliche Gottesvorstellung und Lebenspraxis.

Das war jetzt zwar wieder ein anspruchsvoller Gedankengang, aber ich denke, ich kann einigermaßen folgen.

Dass nun die ganze Gottesrede an einer bestimmten historischen Gestalt festgemacht wird, mag es ja einerseits konkreter erscheinen lassen, umgekehrt ist es aber nach 2000 Jahren nicht gerade einfach, seinen Gottesglauben durch den Rückbezug auf einen einzelnen Menschen zu verankern und zu begründen.

Nun, die philosophische und religiöse Tradition und Lerngeschichte bei der Suche nach Gott bleibt ja weiterhin bestehen. Das Alte Testament gilt uneingeschränkt weiter.

Und das nach Jesus entstehende Christentum entwickelte schon früh sein intellektuelles Potential zur Erklärung und Verteidigung des neuen Glaubens, vor allem in Auseinandersetzung mit Skeptikern und Gegnern.

In einem Punkt hast du sicher Recht. Dass in der Mitte der Religion ein konkreter Mensch steht und kein Buch, dessen Inhalt als göttliche Offenbarung geglaubt wird, das ist schon eine Besonderheit des Christentums. Im Neuen Testament geht es darum nur um die Interpretation dieses außergewöhnlichen Menschen. Und viel mehr als diese Schriften stehen uns nicht zur Verfügung. Da müssen wir genauer hinschauen.

Nicht wenige Zeitgenossen halten das aber für ein ziemlich dünnes Brett, auf das man sich da stellen soll.

Andere bestreiten sogar, dass Jesus überhaupt gelebt hat, zumal er selber nichts Schriftliches hinterlassen hat. Gibt es dafür wenigstens einen klaren Beleg?

Ja und Nein. Es gibt in den Werken einiger jüdischer und römischer Historiker des ersten und zweiten Jahrhunderts einige kurze Passagen über den Gründer der neuen Christen-Sekte, der in Palästina gelebt habe, unter Pontius Pilatus hingerichtet worden sei, angeblich Wunder vollbracht habe, seine Anhänger im Römischen Reich unbeliebt waren und merkwürdige Rituale praktizieren würden – mehr ist dort nicht zu erfahren.

Es sind mehr formale Auskünfte, die über Jesus selbst, seine Lehre und seine religiöse Bedeutung keine weiteren Einblicke gewähren. Und, ja, wenn man strenge Kriterien an einen historischen Nachweis anlegt, dann sind diese außerbiblischen Quellen kein wasserdichter Beweis für seine geschichtliche Existenz. Trotzdem wird heute kein seriöser Historiker bestreiten, dass Jesus wirklich gelebt hat. Zu viele Indizien sprechen dafür. Zumal unser heutiges Verständnis von nüchterner Geschichtsschreibung nicht einfach auf das Altertum übertragen werden kann. Neben der Verwertung äußerer Fakten waren ein erzählerischer Stil sowie eine wertende Darstellung über Personen und Ereignisse übliche Mittel der Überlieferung. Eine objektive Berichterstattung sieht anders aus.

*So schaut man nachträglich bei der Lektüre solcher
Quellen immer durch die Brille des Autors. Das
Herausschälen der neutralen „Wahrheit" stellt sich dann
als schwierige Detektivarbeit dar, sofern sie überhaupt
gelingt. Das, was wir Geschichte nennen, ist immer eine
rückwärtsgewandte Konstruktion der Vergangenheit,
die ständig überprüft, ergänzt oder auch völlig neu
dargestellt werden muss, wenn neue Dokumente oder
archäologische Funde das bisherige Wissen als
unzureichend erweisen.*

Dann bleiben die Texte des Neuen Testamentes die einzigen
Quellen, durch die man sich ein „Bild" von Jesus machen kann.
Wenn ich richtig verstanden habe, sind das aber auch keine
historisch zuverlässigen Kronzeugen. Das klingt nach einer
etwas schwammigen Basis.

*Insbesondere die vier Evangelien wollen ja keine proto-
kollarischen Berichte über das Leben von Jesus
abgeben. Sie sind unterschiedliche Deutungen der
Person und Lebensgeschichte, geschrieben aus einer
Glaubensüberzeugung heraus, um wiederum andere
Menschen von diesem Glauben zu überzeugen.
In diese Interpretationen sind natürlich auch historische
Ereignisse, Personen und Orte eingeflossen, ohne die
eine reale Lebensgeschichte kaum zu erzählen wäre.*

Was lässt sich dann aus diesen Quellen einigermaßen verlässlich über seine Lebensumstände herauslesen?

Dass er etwa in den Jahren 4 bis 6 vor unserer Zeitrechnung vermutlich in Nazareth geboren wurde, wie sein Vater Josef als Bauhandwerker gearbeitet hat, eine Zeit lang zum Kreis von Johannes dem Täufer gehört hat, dann als Wanderprediger durch Galiläa gezogen ist, zunehmend Anhänger um sich geschart hat, sich vermehrt mit der religiösen Obrigkeit anlegte und etwa im Jahre 30 in Jerusalem hingerichtet wurde.

Das sind aber wieder mehr äußerliche Daten, die noch nichts über seine Persönlichkeit und seine Absichten verraten. Deshalb sollten die Evangelien trotz ihrer subjektiven Perspektive nicht unterschätzt werden.

Wie meinst du das? Soll deren subjektive Auffassung mehr hergeben als alle belegbaren Daten?

Auf jeden Fall. Überlege einmal: Wenn jemand möglichst alles über dich erfahren wollte, würde ihm dann genügen, was er über dich beim Einwohnermeldeamt oder anderen Behörden zusammentragen kann?

Das wäre wohl eindeutig zu wenig, obwohl die Angaben alle stimmen mögen.

Und wie würde er mehr über dich herausfinden können?

Er müsste beispielsweise meine Frau interviewen, unseren Sohn, meine Eltern, die Freunde, Nachbarn und Arbeitskollegen...

Genau. Das würde dein Profil deutlich erweitern. Aber das sind alles sehr subjektive Auskünfte, die sich teilweise auch widersprechen werden, weil sie dir unterschiedlich nahestehen und somit auch unterschiedliche Seiten von dir kennengelernt haben.
Trotzdem „wissen" alle diese Personen eindeutig mehr von dir als die Behördenangaben erlauben.

Ich verstehe. Die persönliche Sichtweise reicht also weiter, bleibt aber eben eine subjektive Interpretation.

Das gilt grundsätzlich über das „Verstehen" anderer Menschen. Was du mir über deine Frau erzählen kannst wird sich von dem unterscheiden, was mir ihre Freundinnen schildern würden usw. Aus diesem scheinbaren Dilemma gibt es keinen Ausweg. Die Wahrheit über einen Menschen ist immer plural und subjektiv. Eine „objektive" Wahrheit liegt bestenfalls in den formalen Daten. Das Wesen, der Charakter eines Menschen ist und bleibt die Interpretation anderer.

Mit der Person Jesus verhält es sich nicht anders. Wir haben in den Evangelien vier verschiedene Jesus-Geschichten vorliegen, aus deren subjektiver Schilderung wir jedoch mehr über ihren Hauptdarsteller erfahren als durch äußere historische Daten.

Das Objektive bleibt im Subjektiven verborgen. Ihm auf die Spur zu kommen, ist immer auch ein Stück Arbeit, verlangt Geduld und Offenheit. Erst, wenn man sich auf einen anderen Menschen wirklich einlässt, kann man die Wahrheit hinter der Fassade kennenlernen. Du wirst deine Frau heute sicherlich besser kennen als vor zehn Jahren.

Ja, das kann ich bestätigen. – Um einen genaueren Eindruck von Jesus zu gewinnen, müsste ich also alle vier Evangelien lesen. Da wird es mir wahrscheinlich wieder so ergehen wie bei Lektüre der Schöpfungsgeschichten: Viele Unklarheiten und Fragezeichen…

Mal ein ganzes Evangelium durchzulesen, wäre sicher nicht verkehrt. Für unseren begrenzten Gesprächsrahmen können wir uns aber auf ein paar repräsentative Beispiele beschränken. Ich denke da vor allem an die Gleichnisse, denn die sind der Kernbestand seiner Predigten.
Hast du noch irgendwelche Erinnerung an diese Geschichten?

115

Ja, aber nur Fragmente. Sicher sind das dann auch die bekanntesten Beispiele, die jeder kennt. Da gibt es doch die Erzählung von einem Samariter, eine andere handelt von einem verlorenen Sohn. Das sind spontan die einzigen, die mir einfallen. Aber ich könnte sie jetzt weder nacherzählen, erst recht nicht erläutern.

Das ist schon mal ein guter Anfang. Und für das bessere Verstehen sitzen wir hier zusammen. Dann lass uns mit dem Gleichnis vom „Verlorenen Sohn" beginnen. Ich zitiere es im Original, damit wir genau wissen, worüber wir reden:

Dann fuhr er fort: »*Ein Mann hatte zwei Söhne. Der jüngere von ihnen sagte zum Vater:* ›*Vater, gib mir den auf mich entfallenden Teil des Vermögens!*‹ *Da verteilte jener das Hab und Gut unter sie.*
Kurze Zeit darauf packte der jüngere Sohn alles, was ihm gehörte, zusammen und zog in ein fernes Land; dort brachte er sein Vermögen in einem ausschweifenden Leben durch. Als er nun alles aufgebraucht hatte, entstand eine schwere Hungersnot in jenem Lande, und auch er begann Not zu leiden.
Da ging er hin und stellte sich einem der Bürger jenes Landes zur Verfügung; der schickte ihn auf seine Felder, die Schweine zu hüten, und er hätte sich gern an den Schoten des Johannesbrotbaumes satt gegessen, welche die Schweine als Futter bekamen, doch niemand gab sie ihm. Da ging er in sich und sagte: ›*Wie viele Tagelöhner meines Vaters haben Brot im Überfluss, während ich hier vor Hunger umkomme! Ich will mich aufmachen und zu meinem Vater gehen und zu ihm sagen: Vater, ich habe gegen den Himmel (= Gott) und dir gegenüber gesündigt; ich bin nicht mehr wert, dein Sohn zu heißen: halte mich wie einen von deinen Tagelöhnern.*‹

116

So machte er sich denn auf den Weg zu seinem Vater. Als er aber noch weit entfernt war, sah ihn sein Vater kommen und fühlte Mitleid: er eilte (ihm entgegen), fiel ihm um den Hals und küsste ihn.

Da sagte der Sohn zu ihm: ›Vater, ich habe gegen den Himmel und dir gegenüber gesündigt; ich bin nicht mehr wert, dein Sohn zu heißen!‹ Der Vater aber befahl seinen Knechten: ›Holt schnell das beste Gewand aus dem Hause und legt es ihm an; gebt ihm auch einen Ring an seine Hand und Schuhe an seine Füße und bringt das gemästete Kalb her, schlachtet es und lasst uns essen und fröhlich sein! Denn dieser mein Sohn war tot und ist wieder lebendig geworden, er war verloren und ist wiedergefunden!‹ Und sie fingen an, fröhlich zu sein.

Sein älterer Sohn aber war währenddessen auf dem Felde. Als er nun heimkehrte und sich dem Hause näherte, hörte er Musik und Reigenchöre.

Da rief er einen von den Knechten herbei und erkundigte sich, was das zu bedeuten habe. Der gab ihm zur Antwort: ›Dein Bruder ist heimgekommen; da hat dein Vater das gemästete Kalb schlachten lassen, weil er ihn gesund wiedererhalten hat.‹ Da wurde er zornig und wollte nicht ins Haus hineingehen; sein Vater aber kam heraus und redete ihm gut zu. Da antwortete er dem Vater: ›Du weißt: schon so viele Jahre diene ich dir und habe noch nie ein Gebot von dir übertreten; doch mir hast du noch nie auch nur ein Böcklein gegeben, dass ich mit meinen Freunden ein fröhliches Mahl hätte halten können. Nun aber dieser dein Sohn heimgekehrt ist, der dein Vermögen mit Dirnen durchgebracht hat, da hast du ihm das Mastkalb schlachten lassen!‹ Er aber erwiderte ihm: ›Mein Sohn, du bist allezeit bei mir, und alles, was mein ist, ist auch dein. Wir mussten doch fröhlich sein und uns freuen! Denn dieser dein Bruder war tot und ist wieder lebendig geworden, er war verloren gegangen und ist wiedergefunden worden.‹

(Lukas 15,11-32; Übersetzung: Hermann Menge)

Nun, was ist dir aufgefallen? Welche der drei Gestalten kannst du am besten verstehen?

Es fällt mir schwer, mich so eindeutig festzulegen. Den Vater kann ich irgendwie verstehen, da er überglücklich ist, den Ausreißer endlich wieder in die Arme nehmen zu können. Gleichzeitig erscheint er mir etwas zu großzügig zu reagieren, am Anfang und auch am Ende.

Deshalb kann ich den Ärger des älteren Bruders gut nachvollziehen. Er hat hart für den Familienbetrieb gearbeitet, nun kommt der Hallodri wieder nach Hause und darf sich wieder ins gemachte Nest setzen. Da wäre ich wohl ebenso sauer.

Der Vater die zentrale Figur, aber die beiden Söhne sind für Jesus ein besonderer Anwendungsfall und sollen die Zuhörer zur Identifikation und zur Stellungnahme herausfordern.

Stell dir einmal vor, du hättest deinen Vater damals genauso forsch um die vorzeitige Auszahlung deines Erbteils gebeten, um direkt nach dem Studium eine längere Weltreise antreten zu können. Wie hätte der wohl reagiert?

Er hätte mich wohl ziemlich entgeistert angesehen und mir den Vogel gezeigt.

Bei Lukas dagegen kommt der Vater dem Wunsch des Sohnes direkt nach, ohne Vorhaltungen oder Diskussionen. Er entspricht mit seiner, wie du sagst, außergewöhnlichen Großzügigkeit gar nicht den üblichen menschlichen Maßstäben. Die beiden Söhne allerdings verkörpern typische Verhaltensmuster, in extremem Gegensatz. Beide wollen eigentlich das Gleiche, ein gutes und glückliches Leben führen, gehen dazu aber ganz verschiedene Wege.

Der Jüngere hat wohl die Befürchtung, im engen heimatlichen Gefüge zu versauern, nichts vom großen, bunten Leben mitzukriegen.

Er will hinaus in die Welt, um dort sein Glück zu finden. Dafür nimmt er billigend in Kauf, alle Brücken hinter sich abzubrechen, um endlich frei zu sein.

Er ist ein sehr risikofreudiger junger Mann, der das Abenteuer sucht, weil nur so sein Leben die ersehnte Erfüllung und einen Sinn erhält.

Der ältere Sohn ist das offenkundige Gegenstück. Er ist keine „wilde Natur", die stets den nächsten Kick sucht. Er sucht sein Glück eher in der Akzeptanz der angebotenen gesellschaftlichen Rolle, will sich im gutbürgerlichen Sinne „etwas aufbauen", das ihm Sicherheit und Zufriedenheit vermittelt.

Gut, das sind natürlich ganz unterschiedliche Lebenskonzepte. Aber worin liegt hier der Knackpunkt? Worauf läuft der Vergleich hinaus?

Der Ausdruck „Lebenskonzepte" ist schon ganz passend. Wir dürfen auch nicht vergessen, dass es ein Gleichnis ist, mit dem Jesus sein zentrales Anliegen verdeutlichen will, nämlich das Verhältnis zwischen Gott und Mensch, als auch das Miteinander der Menschen. Er selber spricht dabei vom „Reich Gottes" oder vom „Himmelreich", was keine jenseitigen, übernatürlichen Größen meint, sondern höchst reale Vorstellungen darüber, wie im Sinne Gottes eine bessere, humanere Gesellschaft aussehen soll. Jesus wählt mit seinen Gleichnissen bewusst den Weg der Provokation, weil er die gewohnten Denkschablonen und Handlungsmuster aufbrechen will.

Denn ohne ein anderes religiöses und soziales Denken, das alle Menschen in die Freiheit und damit zu sich selber führt, wird keine „Umkehr" zu einem besseren Leben möglich.
Aber zurück zu unserem Brüderpaar. Wohin hat sie ihr jeweiliges Glücks-Modell geführt? Haben sie damit ihr Ziel erreicht?

Der jüngere Sohn ist in der Ferne krachend gescheitert, aufgrund von Leichtsinn und Pech. Wenigstens daheim hat er die rettende Insel gefunden. Wie es allerdings für ihn weitergehen soll, bleibt offen. Darüber wird nichts erzählt.

Der Ältere scheint ja ein zufriedenes Leben zu führen. Nur bei der Rückkehr seines Bruders macht er dem Vater plötzlich den Vorwurf, in all den Jahren irgendwie zu kurz gekommen zu sein. Für ihn habe der Vater nie ein solches Fest veranstaltet. Also rundum glücklich ist auch er mit seinem Leben nicht.

Genau. Das Gleichnis kritisiert letztlich beide Lebensmodelle. Für beide Brüder gilt, dass sie aus einem Motiv der Angst heraus handeln. Beide denken, sie würden wesentliches verpassen, wenn sie anders leben würden als sie es faktisch tun.

Beide sind sehr darauf aus, ihr Leben „in den Griff" zu kriegen, ihr Glück in totaler Eigenregie herbeizuführen, quasi ohne Rücksicht auf Verluste. Denn ihr Egoismus endet schließlich bei beiden in einer Sackgasse.

Wer sich nämlich um jeden Preis selber verwirklichen und behaupten will, verliert dabei sich selbst. Beide betrachten ein gelingendes, sinnvolles Leben als eigene Leistung, als berechtigten Verdienst ihrer Anstrengung. Alle anderen Menschen werden aber in diesem Modell zu nur noch unter einer bestimmten Perspektive wahrgenommen:

121

entweder scheinen sie der eigenen Freiheit und dem Weg zum Glück im Wege zu stehen – und werden deshalb abgelehnt, oder aber sie werden als „Mittel zum Zweck" eingespannt und sollen nur dem eigenen Vorteil nützen. So oder so werden sie nicht mehr als Mitmenschen und Partner gesehen, sondern als Gegner und Konkurrenten.

Der jüngere Sohn endet mit seinem Versuch in totaler Einsamkeit und Verzweiflung. Was für ihn Glück und Heimat werden sollte, wird ihm zur bedrückenden Fremde. Sein Hunger nach Geborgenheit bleibt ungestillt. Sein Leben macht ihm keine Freude mehr. Sein Wunsch, ganz frei und unabhängig zu sein, führte ihn in die totale Abhängigkeit.

Den älteren Sohn machte sein Lebenskonzept schließlich neidisch, eifersüchtig und misstrauisch. Sein Weg endet in einer starren Ordentlichkeit und Selbstgerechtigkeit. Er steht unter dem Zwang der Anpassung und will immer alles „richtig" machen und verliert dadurch die Fähigkeit zu Anteilnahme und Mitgefühl.

Auch er kann weder aufrichtig Liebe geben und sie auch nicht annehmen. Das trennt ihn vom Bruder als auch vom Vater, demgegenüber er sich doch als „guter Sohn" erweisen wollte.

Das Gleichnis dreht sich also um ein paar fundamentale Fragen, die jeden Hörer (und uns heutige Leser) gleichfalls betreffen: Wie finde ich ein erfülltes Leben? Beruht es letztlich auf meiner Anstrengung und Leistung? Sind Geborgenheit und Anerkennung allein das Ergebnis meines Einsatzes? Bin ich nur anerkannt und geachtet, wenn ich vorgegebene Normen erfülle, also tue, was „man tut"? Gibt es noch Hoffnung auf einen Neuanfang, wenn ich versagt habe, oder ist mein Leben dann für immer verpfuscht?

Gewinne ich mehr Freiheit, wenn ich mich nur auf mich selbst verlasse, statt mich an soziale Regeln und Vorgaben zu halten? Wie soll ich mich einem Menschen gegenüber verhalten, der (mir gegenüber) schuldig geworden ist? u.a.m.

Von derartigen Überlegungen kann sich niemand freisprechen, damals wie heute. Das klingt bisher aber alles eher psychologisch als religiös...

Was nicht unbedingt ein Widerspruch sein muss. Es geht schließlich – religiös gesprochen – um das Heil des Menschen. Da spielt die „Seelenkunde" immer eine zentrale Rolle.

Mit diesem Gleichnis will Jesus deutlich machen, dass auch und gerade solchen Menschen, die durch eigenes Verschulden auf Abwege geraten sind, Liebe und

Verständnis entgegengebracht werden soll, damit sie einen neuen Anfang machen können. Das war damals alles andere als selbstverständlich. Wer religiöse und gesellschaftliche Normen missachtet hatte, wurde ausgegrenzt und lebte fortan sozial am Rande. – Hat sich das bis heute wesentlich geändert? Ich denke dabei nur mal an Strafentlassene...

In unserer Gleichniserzählung ist es der Vater, der beiden (!) Söhnen entgegengeht und ihnen wieder neu die Gemeinschaft anbietet, ohne jede Bedingung! Beiden steht es frei, dieses Angebot anzunehmen, um ihrem Leben wieder eine neue Richtung zu geben. Der Vater macht keine Vorwürfe, übt keine Kritik wegen des Versagens.
Er bietet ihnen eine neue Perspektive für ihr Leben und möchte, dass sie nicht durch die Vergangenheit festgelegt sind, sondern die Chance zur Veränderung ergreifen und ihre Zukunft besser gestalten. Das verlangt von beiden jedoch den Mut, sich selber zu ändern, umzukehren auf den besseren Weg.

Dann höre ich wohl richtig heraus, dass der Vater im Gleichnis die Position von Gott einnimmt.

Sehr richtig. Das Gleichnis möchte zeigen, dass die letztliche Erfüllung des Menschen, seine wirkliche und dauerhafte „Erlösung" aus den falschen Verstrickungen

124

bei der Suche nach Glück und Sinn, nur möglich ist unter der Perspektive, dass das Leben in einem Horizont verstanden und gelebt wird, der über die menschlichen Möglichkeiten hinausgeht. Erst wer sich vertrauensvoll auf den Glauben an Gott einlassen kann, gewinnt die nötige Distanz und Freiheit gegenüber allen Glücksversprechungen in dieser Welt, dass er sich nicht endgültig an solche vergänglichen „Götter" (wie Geld, Karriere, Besitz etc.) klammert, sondern frei und offen bleibt für das größere Versprechen, von dem der Glaube erzählt. Wie den Vater im Gleichnis, so Jesus, soll sich jeder Gott vorstellen, so menschenfreundlich. Jesus kämpft hier gegen eine Gottesvor-stellung, die Gott zu einem kleinlichen Buchhalter degradiert, der jeden kleinen Fehltritt gegenüber seinen Geboten registriert und irgendwann bestraft. Wer in diesem moralisierenden Gottesbild lebt, wird auch sich selbst und seine Mitmenschen durch diese Brille sehen und beurteilen.

Das führt nur zu einem unbarmherzigen und verlogenen Neben- und Gegeneinander, in dem niemand frei und glücklich werden kann.
Wahres Menschsein gelingt nur im Horizont Gottes, so lautet die Botschaft. Jeder Mensch wird von Jesus daran erinnert, so zu sein, wie er in der Bibel von Anfang an gemeint ist, als Ebenbild Gottes. Diese Perspektive hat konkrete und weitreichende Folgen:

Jeder Mensch soll seinem Nächsten quasi mit göttlicher Zuneigung und Barmherzigkeit begegnen, wie eben der Vater im Gleichnis. Das ist ein radikaler Humanismus, den Jesus predigt – und vorlebt. Er selber wird dadurch zu einem Gleichnis Gottes, zum nachahmenswerten Modell für alle.

Diese Vater-Rolle einzunehmen kann aber je nach Situation zu einem harten Prüfstein werden, sofern meine Neigungen und Gefühle in die andere Richtung laufen. Wenn mich jemand beleidigt, enttäuscht oder verletzt hat, habe ich doch den verständlichen Wunsch, mich irgendwie zu rächen, mit gleicher Münze heimzuzahlen. Der Täter soll spüren, was er mir angetan hat. Dann geht es mir besser. – So werden doch die meisten von uns denken, fühlen und handeln.

Auf der emotionalen Ebene ist das natürlich nach-vollziehbar. Leider bleibt es auch oft die einzig für angemessen gehaltene Reaktion.

Jesus würde jetzt vielleicht sagen: „Okay, wenn du den Bauch regieren lassen willst, dann mach es so. Aber glaube nicht, du hättest dadurch das Problem gelöst, die Situation wirklich verbessert, weder für dich noch für den Anderen.

Hat er durch deine Rache grundlegend etwas einsehen und ändern können? Wird er nicht vielleicht sogar angespornt, sich bei nächster Gelegenheit wiederum an dir zu rächen? Was ist also dauerhaft gewonnen? –

Wäre ein klärendes Gespräch nicht hilfreicher, bei dem der Andere seinen Fehler und seine Schuld erkennen und eingestehen könnte? Wäre damit nicht mehr erreicht für ein besseres Miteinander, eine bessere Zukunft? Egal, ob er absichtlich oder fahrlässig so gehandelt hat. Ihr seid beide nicht frei von Fehlern und falschen Entscheidungen. Hast du nicht schon selber ähnlich gehandelt? Also geht nachsichtig miteinander um, auch wenn es euch manchmal schwerfällt. Jeder andere ist ein Mensch wie du und will letztlich auch nur in Frieden leben."

Ich denke, so würde er sinngemäß reagieren. – Aber vielleicht sollten wir auf solche moralischen Fragen nochmal eigens zurückkommen.

Das ist eine gute Idee. – Durch deine Erläuterungen zu diesem Gleichnis merke ich, dass es zwar immer um Gott geht, der entscheidende Fokus jedoch auf dem Menschsein liegt, seine Gottesvorstellung und – offenbar daraus resultierend – sein Umgang mit sich selbst und den Anderen. Sehe ich das richtig?

Das ist gut beobachtet. Wir hatten das im Zusammenhang mit den Gottesbildern bereits kurz angesprochen.

Jede Gottesvorstellung ist unweigerlich damit verknüpft, wie Menschen sich selber sehen bzw. wie sie grundsätzlich über das Verhältnis von Gott und Mensch denken.

127

Gottesbilder verraten also letztlich mehr über den Menschen und seine religiöse Kultur und Tradition als über Gott selbst, der immer das unergründliche Geheimnis bleibt. Zu diesen beiden Polen einer gemeinsamen Interpretation fügt sich automatisch noch das „Weltbild" als drittes Standbein hinzu, als eine Art Klammer. Gottesbild, Menschenbild und Weltbild beeinflussen sich gegenseitig.

Als du eben Jesus fiktiv hast reden lassen, fiel nicht einmal das Wort „Gott". War das Absicht? Ohne den Gottesbezug wirkte das mehr wie eine moralische Ansprache.

Nein, ich hatte dabei Gott nicht vergessen, weil es nicht unbedingt auf die Verwendung dieses Wortes ankommt. Das menschliche und soziale Problem steht im Vordergrund, denn in biblischer Sicht ist das alles sowieso miteinander verflochten. Alles geschieht unter den Augen Gottes. - Wenn du dich erinnerst, in dem Gleichnis hat nur der jüngere Sohn beiläufig an zwei Stellen Gott bzw. den „Himmel" erwähnt. Das Wort alleine hat noch kein Gewicht. Gott kann auch verborgen hinter Masken auftreten, die heißen dann gegebenenfalls Frieden, Liebe, Gerechtigkeit, Solidarität, Barmherzigkeit usw.

Ich möchte das Gemeinte noch mit einem weiteren Gleichnis durchspielen, in dem Jesus einen anderen Akzent seiner Predigt vom „Reich Gottes" hervorhebt.

(Ich würde dir gerne noch so viele andere Texte aus dem Neuen Testament vorstellen, aber dazu müssten wir noch eine Reihe von Nachtschichten einlegen.

Das überspannt jedoch den Rahmen unserer Gespräche, die dir ja lediglich ein paar erste Ein- und Durchblicke bieten wollen.)

Also ich zitiere wieder im Original:

Denn das Himmelreich ist einem menschlichen Hausherrn gleich, der frühmorgens ausging, um Arbeiter für seinen Weinberg einzustellen. Nachdem er nun mit den Arbeitern einen Tagelohn von einem Denar vereinbart hatte, schickte er sie in seinen Weinberg. Als er dann um die dritte Tagesstunde wieder ausging, sah er andere auf dem Marktplatz unbeschäftigt stehen und sagte zu ihnen: ›Geht auch ihr in meinen Weinberg, ich will euch geben, was recht ist‹; und sie gingen hin. Wiederum ging er um die sechste und um die neunte Stunde aus und machte es ebenso; und als er um die elfte Stunde wieder ausging, fand er noch andere dastehen und sagte zu ihnen: ›Was steht ihr hier den ganzen Tag müßig?‹ Sie antworteten ihm: ›Niemand hat uns in Arbeit genommen.‹ Da sagte er zu ihnen: ›Geht auch ihr noch in den Weinberg!‹ Als es dann Abend geworden war, sagte der Herr des Weinbergs zu seinem Verwalter: ›Rufe die Arbeiter und zahle ihnen den Lohn aus! Fange bei den letzten an (und weiter so) bis zu den ersten!‹ Als nun die um die elfte Stunde Eingestellten kamen, erhielten sie jeder einen Denar. Als dann die Ersten (an die Reihe) kamen, dachten sie, sie würden mehr erhalten; doch sie erhielten gleichfalls jeder nur einen Denar. Als sie ihn empfangen hatten, murrten sie gegen den Hausherrn und sagten:
›Diese Letzten haben nur eine einzige Stunde gearbeitet, und du hast sie uns gleichgestellt, die wir des (ganzen) Tages Last und Hitze getragen haben!‹

Er aber entgegnete einem von ihnen: ›Freund, ich tue dir nicht unrecht; bist du nicht um einen Denar mit mir eins geworden? Nimm dein Geld und gehe! Es gefällt mir nun einmal, diesem Letzten ebensoviel zu geben wie dir. Habe ich etwa nicht das Recht, mit dem, was mein ist, zu machen, was ich will? Oder siehst du neidisch dazu, dass ich wohlwollend bin?‹ Ebenso werden die Letzten Erste und die Ersten Letzte sein.
(Matthäus 20,1-16; Übersetzung: Hermann Menge)

Spontan tendiere ich zwar zu dem Urteil, dass der Weinbergbesitzer wirklich einen unfairen Maßstab anlegt, fürchte aber, dass ich damit ziemlich danebenliege. Wenn ich selber zu den ersten Arbeitern gehören würde, käme auch mir die Bezahlung extrem ungerecht vor. Die letzten Arbeiter verdienen eindeutig nicht den kompletten Tageslohn.

Ist denn die Argumentation des Arbeitgebers so falsch? Gerade mit denen, die er zuerst eingestellt hatte, war explizit ein Denar vereinbart. Den haben sie auch erhalten. Bei allen späteren Arbeitergruppen hatte er keinen genauen Lohnbetrag genannt, sie würden bekommen „was recht ist".

Formal gesehen stimmt das. Aber der Grund für die Kritik bei der Auszahlung ergibt sich ja aus dem Vergleich. Diejenigen, die zuletzt in den Weinberg kamen, werden wohl große Augen gemacht und an einen Irrtum geglaubt haben. Aber nein, der Chef ließ das Geld bewusst so verteilen. Also wozu die unnötige Provokation?

So wie du haben wohl auch die damaligen Zuhörer auf das Gleichnis reagiert – und haben im gleichen Moment schon vergessen, dass es ein Gleichnis ist, bei dem das Himmelreich – eigentlich besser: Gott! – mit einem recht diesseitigen „Hausherrn" verglichen wird.

Die Geschichte hat eine sozialkritische und eine religiöse Seite. Von der ersteren fühlten sich die Zuhörer unmittelbar angesprochen, denn das war ihre Welt: der tägliche Überlebenskampf der Arbeiter und Kleinbauern.

Von Tagelöhnern ist die Rede, die mit viel Glück morgens einen Job finden und nach zwölf Stunden Schufterei einen Denar als Tageslohn heimtragen können, von dem sich die Familie gerade mal sattessen kann.

Wenn es gut geht, läuft es am nächsten Tag genauso. Sollte es aber keine Arbeit geben, wird die Familie hungern. Dann bleibt nur noch das Betteln.

Diese Situation kennt der Weinbergbesitzer zur Genüge – und tut nun etwas völlig Unerwartetes, indem er allen (!) so viel ausbezahlt, dass sie wenigstens für diesen Tag ihr Auskommen haben.

Logischerweise darf man die Geschichte im Blick auf reale Arbeitsmarktverhältnisse nicht überstrapazieren. Das würde ihren Sinn verfehlen.

Klar, wenn alle Tagelöhner in Zukunft mit einem solchen Arbeitgeber rechnen dürften, der ihnen trotz geringstem Arbeitseinsatz den vollen Tageslohn gibt, dann werden sich manche sicherlich erst am Nachmittag auf den Marktplatz stellen. Aber so funktioniert das System nicht.

Das Gleichnis zeigt aber einen fundamentalen Kontrast auf bezüglich Lohn und Gerechtigkeit. Die ersten Arbeiter pochen darauf, nach ihrer Leistung bezahlt zu werden. Dann müssten sie im Vergleich zu den anderen Arbeitern mehr bekommen. Dieses Prinzip ist uns immer noch sehr vertraut. Die Arbeitswelt ist so organisiert, ebenso das System Schule. Wer mehr leistet, verdient mehr.

Diesem „Leistungsprinzip" wird das sogenannte „Bedürfnisprinzip" gegenübergestellt, das der Weinbergbesitzer bei den späteren Arbeitern anwendet. Er erkennt, was sie für sich und ihre Familien am Tag brauchen, um in ihrer völligen Abhängigkeit zum Leben benötigen. Daher zahlt er ihnen, „was recht ist".

Auch dieses Prinzip gilt noch in unseren Tagen: Wer sich nicht selber helfen kann, dem hilft die Gemeinschaft. Das trifft vor allem Kranke, Behinderte, Arbeitslose, Obdachlose und alte Menschen. Kein Bedürftiger soll in seiner Not alleingelassen werden.

Selbst die Regelungen für einen Mindestlohn und die Diskussion um ein bedingungsloses Grundeinkommen sind von diesem Gedanken um eine solidarische und gerechte Verteilung geprägt.

Für den Bereich der Arbeitswelt finde ich das Leistungsprinzip aber weiterhin die beste Lösung. Die gleiche Entlohnung von Reinigungskräften und Geschäftsführern kann nicht als die bessere Gerechtigkeit funktionieren. Das würde schon jede Motivation für Einsatz und Kreativität untergraben.

Da will ich auch nicht widersprechen. Die Frage ist nur: Wie sieht eine Gesellschaft aus, in der ausschließlich das Leistungsprinzip herrscht? Wer nichts zum gemeinsamen Erfolg und Wohlstand beiträgt, soll auch nicht davon profitieren. Das erinnert beispielsweise an die brutalen Zustände zu Beginn der Industrialisierung. Aus den Erfahrungen mit dem Elend vieler Menschen in jenen Tagen haben sich nach vielen Kämpfen die Strukturen eines modernen Sozialstaates herausgebildet.

Darauf können wir stolz sein. – Darüber sollte aber nicht vergessen werden, dass die Sorge um Notleidende schon ein charakteristisches Merkmal der ersten christlichen Gemeinden war. Arme und Kranke fanden dort Brot, Zuwendung und Schutz.

Später wurden viele Ordensgemeinschaften für diese Zwecke gegründet, die teils noch heute ihr soziales Engagement fortsetzen.

Darin müssen wir uns aber gar nicht vertiefen. Für unser Verständnis des Gleichnisses enthält nämlich die andere Seite der Geschichte den eigentlich provokanten Punkt.

Das dachte ich mir. Wie schon bei dem anderen Gleichnis hat hier der „Hausherr" vermutlich wieder die Rolle Gottes. Aber Gott zahlt doch keine Löhne!

Aber er belohnt oder bestraft die Taten der Menschen – so dachten jedenfalls die damaligen Hörer (und späteren Leser) dieser Geschichte. Die jüdische Religion war stark von einem buchstäblichen Gehorsam gegenüber den 613 Regeln für den Alltag im Alten Testament bestimmt. Darin kam für sie der Wille Gottes zum Ausdruck. Diesen Ge- und Verboten gemäß zu leben, bedeutete für die Gläubigen die Gewissheit, vor dem Richterspruch Gottes am Ende bestehen zu können. Seinen Lebensregeln möglichst exakt gefolgt zu sein, war praktisch der Schlüssel zum Paradies. Denen, die es nicht so genau nahmen, drohte die ewige Verdammnis.

Wer diese moralisch dominierte Religiosität verinner-
licht und zur Richtschnur seines Urteilens werden lässt,
unterliegt nicht nur einer strengen Selbstzensur, er wird
auch das religiöse und soziale Verhalten der
Mitmenschen mindestens mit der gleichen Strenge
beurteilen. Ein derart rigoroser Moralismus produziert
folgenschwere Verwerfungen in der Gesellschaft: Die
Guten hier und die Bösen dort. Diebe, Mörder, Betrüger
und Prostituierte etwa konnten in dieser streng-
gläubigen Gesellschaft von Wohlanständigen keinerlei
Rücksicht und Anerkennung mehr erwarten.
Sie waren ausgestoßen und geächtet.
Die Vorstellung der Hoheit göttlichen Rechts in allen
Lebensbereichen führte auch zu der Idee, dass Gott die
Sünder nicht erst nach diesem Leben zur Rechenschaft
zieht, sondern sie auch schon in der Gegenwart für ihr
Fehlverhalten bestraft. Krankheiten und Behinderungen
wurden immer wieder als eine Strafe Gottes
wahrgenommen. Wer ein solches Schicksal erleidet,
wird es letztlich verdient haben, schließlich ist Gott
gerecht.

Diese Einstellung kann man auch heute noch antreffen. Ich erinnere mich, dass 2005 bei der Flutkatastrophe in New Orleans manche Prediger von einer Strafe Gottes sprachen, ebenso bei der kürzlichen Corona-Pandemie.

Das finde ich unerträglich und unchristlich. Diese Gottesvorstellung hat sich tief in vielen Köpfen eingegraben, weil wir Menschen mit dem „blinden Schicksal" nicht zurechtkommen und nach einer übernatürlichen Ursache suchen, mit der wir schreckliche Ereignisse dann verbuchen können. Schon die verzweifelte Frage „Warum gerade ich? Ich habe doch nichts verbrochen!" zeugt von diesem religiösen Denkmodell.

Jesus vertritt in diesem Gleichnis eine völlig andere Auffassung.

Der Gott, von dem er spricht, ist keine moralische Letztinstanz, die die Sünden der Menschen bestraft. Er macht keinen scharfen Schnitt zwischen Sündern und Gerechten. Das sind menschliche Urteilskategorien. Gott lässt allen Menschen sein Wohlwollen, seine Liebe, Gnade und Barmherzigkeit ohne jede Vorleistung zukommen. Wer am Ende vor Gott als „guter Mensch" dasteht, ist noch nicht ausgemacht.

Dann soll es gar keinen Unterschied machen, ob ein Mensch anständig war oder nicht? Das würde doch jede Moral außer Kraft setzen. Das wäre dann die pure Anarchie. Das kann Jesus doch nicht gemeint haben.

Hat er auch nicht. Es geht nicht um die gesellschaftliche Moral.

Die bleibt unverzichtbar, wenn das Miteinander einigermaßen gelingen soll. Jesus geht es um die Übertragung menschlicher Moralvorstellungen auf Gott. Gegen diesen Kurzschluss wehrt er sich mit aller Kraft. Darum auch dieses provokante Gleichnis, das bei den Hörern ziemlich heftigen Protest auslöste. Gott müsse doch schließlich Unterschiede machen zwischen einer Hure und einem Frommen. Wozu seien die Gebote sonst da.

Jesus stellt nicht den Sinn der Gebote in Frage, sondern die Schlussfolgerung, Gott selbst müsse diesen Regelkatalog konsequent anwenden zur Beurteilung eines Menschen.

Gott könne die Hure letztlich nur verdammen und den Frommen verdientermaßen mit dem Himmelreich belohnen.

Dieses Denken ist für Jesus eine Anmaßung. Der Mensch könne und dürfe Gott nicht mit dem eigenen moralischen Urteilen verknüpfen und festschreiben. Dann wäre Gott nur der Erfüllungsgehilfe der von uns aufgestellten Spielregeln, aber nicht mehr Gott. Salopp gesagt: Wer schließlich im Himmel oder in der Hölle landet, basiert nicht auf menschlichem Urteil! Diese Urteilsfreiheit muss Gott vorbehalten bleiben. Den Himmel kann man sich nicht „verdienen". -

Die kirchliche Lehre hat sich diese Zurückhaltung schon früh zu eigen gemacht. Es gibt kein lehramtliches Dokument darüber, dass die Kirche jemals einen Menschen als so extrem verwerflich eingestuft habe, dass sie ihn unmittelbar in die Hölle hineindefiniert hätte.

Die mit dem Gleichnis hervorgerufene Empörung kann ich mir lebhaft vorstellen. Schließlich zieht Jesus seinen Zuhörern den Teppich ihrer religiös-moralischen Überzeugungen unter den Füßen weg. Das bleibt nicht ohne Widerstand seitens der jüdischen Religionsführer. Er will die Liebe über das religiöse Gesetz stellen, sorgt aber damit für Verwirrung, weil er das gewohnte Orientierungssystem auf den Kopf stellt.

Aber seien wir ehrlich: Wir haben genauso unsere Probleme mit diesem Liebes-gebot, weil es sich nach einer allzu idealistischen Überforderung anfühlt, hinter der wir zwangsläufig zurückbleiben müssen. Aber es hat auch niemand behauptet, dass der Weg leicht sei, den Jesus hier entwirft und den er selber vorgelebt hat.

Die Evangelien sind voll von Begebenheiten, wo Jesus sich den gesellschaftlichen Randgruppen zuwendet, mit ihnen an einem Tisch sitzt, ihnen Wertschätzung entgegenbringt, sie aus ihrer sozialen Isolation befreit und ihnen von der Barmherzigkeit Gottes erzählt.

Er nimmt ihnen unnötige Lasten von den Schultern, die ihnen von anderen aufgebürdet worden waren, insbesondere Kranke, Behinderte, Frauen und Kinder. Jemanden wir ihn hatten sie noch nicht kennengelernt. Seine ermutigenden und befreienden Worte deckten sich zudem mit seinen ungewöhnlichen Taten. Man sprach dann von „Wundern" und konnte sich die heilsamen Begegnungen nur so erklären, dass in diesem Mann irgendwie Gott selber anwesend und wirksam war. Später sollten Begriffe wie „Erlöser", „Messias" oder „Sohn Gottes" seine unvergleichliche Rolle und Bedeutung zum Ausdruck bringen. Die Formel von der „Menschwerdung Gottes" in diesem Nazarener wurde schließlich zum Glaubenskern des Christentums. Seine Lebensgeschichte und seine Lehre haben bis heute nichts von ihrer Brisanz verloren.

An ihm müssen sich die Geister scheiden. Er bleibt der Stein des Anstoßes, ist aber das Beste, was das Christentum zu bieten hat.

Mit anderen Worten…

„Er zeichnet das Bild eines Gottes, dem entschieden daran gelegen ist, eine Beziehung zu eben jenen Menschen herzustellen, die aus moralischen oder kultischen Gründen ausgeschlossen waren. Seine Auslegung des Gesetzes weist in erster Linie den Weg zu Liebe und Mitmenschlichkeit, vernachlässigt hingegen jene Normen, deren Erfüllung die Voraussetzung für den Erhalt einer gesicherten Position innerhalb des Erwählten Volkes wäre. Die im Alten Testament (3.Mose 19,18) gelehrte Nächstenliebe erhält durch Jesus eine umfassendere Bedeutung: Sie bezieht sich nicht mehr nur auf den anderen Juden, sondern auf jeden Menschen, gleich welcher ethnischer Herkunft, der in Not ist. Ausschlaggebend für die Zugehörigkeit zum Gottesvolk ist die Reinheit des Herzens, die Aufrichtigkeit der Beweggründe, nicht aber die rituelle Reinheit. Damit eng verbunden ist Jesu uneingeschränkte Hingabe an den Willen Gottes - bis hin zur Bejahung des eigenen Todes. Selbstverständlich ist dies eine Haltung, die Jesus nicht nur lehrt, sondern beispielhaft vorlebt."
Howard Clark Kee, Was wissen wir über Jesus? Reclam 8920, Stuttgart 1999, 163f

****

„Jesus war ein jüdischer Mystiker. Das ist meine kompakteste Beschreibung des historischen Jesus. Ich betrachte sie auch als grundlegend für die vier folgenden Beschreibungen. Mystiker sind Menschen mit lebhaften und häufig regelmäßigen Gotteserfahrungen, Erfahrungen »des Einen«, »des Heiligen». Sie treten in allen bekannten Kulturen auf, und auch in der jüdischen Tradition sind sie bedeutend. Im weiten Sinn des Wortes, in dem ich es hier verwende, waren die prägenden Gestalten der hebräischen Bibel Mystiker. Die Erzählungen von Abraham, Jakob, Mose, Elija, Elischa und den klassischen Propheten stellen diese Menschen dar, für die Gott eine erfahrbare Wirklichkeit war. Solche Menschen kennt man auch im Judentum zur Zeit Jesu: u.a. Paulus und Petrus. Jesus kann zu diesem Kreis hinzugezählt werden.

Den Evangelien zufolge hatte er Visionen, fastete, verbrachte viele Stunden im Gebet, sprach über Gott in vertrauten Ausdrücken und lehrte die Unmittelbarkeit des Zugangs zu Gott - etwas, das Mystiker aus ihrer eigenen Erfahrung kennen. Als jüdischer Mystiker lebte Jesus ganz auf Gott gerichtet; das war die Grundlage seines Lebens."

Marcus Borg: Heute Christ sein. Den Glauben wiederentdecken, Patmos, Düsseldorf 2005, 98ff (gekürzt)

****

„Nichts ist revolutionärer als die Vorrangstellung, die Jesus in seinen Gleichnissen dem gesunden Menschenverstand einräumt. Dieser stellt geradezu den Gegenpol dar zum konventionellen Denken. Durch ihn spricht ja der Heilige Geist im Menschenherzen. Jesus beruft sich also nicht darauf, sozusagen Sprachrohr der göttlichen Autorität zu sein; drin unterscheidet er sich von den Propheten vor ihm. Er maßt sich auch nicht selber höchste Autorität an, sondern — und das ist etwas völlig Neues in der Religionsgeschichte — er appelliert an die Autorität Gottes in den Herzen seiner Hörer: Gott spricht zu uns durch unseren gesunden Menschenverstand — das ist es, was jedes Gleichnis voraussetzt, und es ist zentral für das Gottesverständnis Jesu. Dadurch löste seine Lehre eine gewaltige Autoritätskrise aus, deren Erschütterungen wir bis heute fühlen. Jesus ermächtigte seine Zuhörer, für sich selber zu denken."

David Steindl-Rast: Credo. Ein Glaube, der alle verbindet, Herder, Freiburg 2010, 111

****

„Für Jesus ist Gott alles andere als fern, er ist kein Herr, kein himmlischer König, kein Allmächtiger, sondern er ist das, was kaum jemand – und schon gar nicht ein frommer Mensch – von ihm je sagen würde: Er ist das Allerselbstverständlichste. Er ist Feigenbaum, Acker, Weg, menschliches Gesicht – also alles, was wir vor Augen und um uns herum haben. Fast alle Gleichnisse, die Jesus erzählt, sprechen vom Reich Gottes und haben darum diese Pointe. Gott ist überall, und daher ist er vor allem dort, wo wir ihn am allerwenigsten vermuten: direkt vor und bei uns. Man übersieht Gott also, weil man in der Regel zu weit wegschaut; oder weil man überhaupt zu wenig sieht. Gott aber ist da, wo man ihn wahrnimmt.

Das Mindeste, was wir von Gott annehmen können, ist, dass er das Leben will, seine freie Entfaltung und seinen ungehinderten Fluss. Denn er hat es schließlich geschaffen. Darum kann man sich Gott vorstellen wie einen Vater, den Jesus sogar mit »abba« (»Papa«) anredet."

Joachim Kunstmann: Leben eben! Religion für Sinnsucher - eine Anleitung, Gütersloh 2013, 80-82

****

„Dieser christliche Glaube hat schon ein paar Alleinstellungsmerkmale, die sich in keiner Ersatzreligion und keinem Religionsersatz finden lassen: Der Gott der Christen ist ein absoluter Gott vor allen Welten und Zeiten und in allen Welten und Zeiten, also transzendent und immanent. Er ist ein Gott, der Einheit und Gemeinschaft zugleich in sich verwirklicht und uns zur Einheit und Gemeinschaft mit sich beruft. Ich sehe keine Religion, die mehr und tiefer die Beziehung zwischen dem göttlichen Schöpfer und dem menschlichen Geschöpf zum Ausdruck brächte als die unsere: Der Mensch ist Abbild Gottes. Unser Gott ist so unfasslich menschlich, dass er Mensch wird. Der Mensch als Abbild Gottes geschaffen und Gott als Mensch geboren, das begründet im Letzten die menschliche Würde. Der unendliche, zeitlose Gott verendlicht sich in uns, um uns endliche, zeitliche Menschen in sich zu verewigen. Das ist Christentum original, und ein Mensch ist in dem Maße Christ, wie er im Denken, Fühlen und Tun dem maßgebenden Christus nahekommt."

Ulrich Lüke: Als Anfang schuf Gott ... den Urknall, Bonifatius, Paderborn 2016, 53f

****

Viele beklagen sich, dass die Worte der Weisen immer wieder nur Gleichnisse seien, aber unverwendbar im täglichen Leben, und nur dieses allein haben wir. Wenn der Weise sagt: »Gehe hinüber«, so meint er nicht, dass man auf die andere Seite hinübergehen solle, was man immerhin noch leisten könnte, wenn das Ergebnis des Weges wert wäre, sondern er meint irgendein sagenhaftes Drüben, etwas, das wir nicht kennen, das auch von ihm nicht näher zu bezeichnen ist und das uns also hier gar nichts helfen kann.

Alle diese Gleichnisse wollen eigentlich nur sagen, dass das Unfassbare unfassbar ist, und das haben wir gewusst. Aber das, womit wir uns jeden Tag abmühen, sind andere Dinge. Darauf sagte einer: »Warum wehrt ihr euch? Würdet ihr den Gleichnissen folgen, dann wäret ihr selbst Gleichnisse geworden und damit schon der täglichen Mühe frei.« Ein anderer sagte: »Ich wette, dass auch das ein Gleichnis ist.« Der erste sagte: »Du hast gewonnen.« Der zweite sagte: »Aber leider nur im Gleichnis.« Der erste sagte: »Nein, in Wirklichkeit; im Gleichnis hast du verloren.«

Franz Kafka: Sämtliche Erzählungen, Fischer-TB 1078, Frankfurt/M. 1970, 359

****

7

Aufs Ganze und auf Sieg setzen

Heute komme ich mit einem speziellen Anliegen zu dir. Unser Nachbar ist vor wenigen Tagen gestorben. Wir kennen die älteren Leute gut und haben viel Kontakt. Thomas mag die beiden sehr und war oft bei ihnen zu Gast, um mit deren Enkeln im Garten zu spielen. Nun ist der Mann plötzlich einem Herzversagen erlegen. Nächste Woche ist die Beerdigung. Meine Frau und ich sind uns noch nicht einig, ob wir Thomas zum Friedhof mitnehmen sollen oder nicht. Und auf seine Frage, was es bedeute, wenn jemand tot ist, wussten wir auch nur eine verlegene Antwort zu geben, von wegen Himmel und so. Wir waren beide schon lange nicht mehr mit einem Todesfall konfrontiert, hatten also keinen direkten Anlass, uns mit dem Thema eingehender zu beschäftigen. Deshalb wollte ich heute mal darüber mit dir reden.

> *Nun, mich interessiert natürlich zuerst, was du selber dazu meinst. Was ist dein Standpunkt? Glaubst du an ein Leben nach dem Tod?*

Je länger ich an der Frage herumgrübele, desto schwieriger und abgründiger kommt mir das ganze Thema vor. Bisher war meine klare Antwort auf diese Frage ein Nein.

Der gesunde Menschenverstand sagt mir doch: Wenn der Tod eingetreten ist, hat er diese konkrete Lebensgeschichte beendet. Der leblose Körper zerfällt schrittweise und löst sich auf. Das war´s. Der Tote existiert nur noch in der Erinnerung der Lebenden. Aber auch diese Spur wird irgendwann ausgelöscht sein. Unsere Beobachtung und Erfahrung bestätigt das jedes Mal neu. –

Nach unseren bisherigen Gesprächen bin ich mir da nicht mehr ganz so sicher, ob diese Begründung ausreicht und ob es nicht doch triftige Gründe gibt, an ein Weiterleben zu glauben.

> *Gründe, also Argumente für den Glauben an Jenseits gibt es durchaus. So plausibel diese Begründungen aber auch klingen mögen, es bleiben immer Positionen, die den Glauben daran stützen wollen.*
>
> *Es muss den Befürwortern als auch den Bestreitern einer Weiterexistenz immer bewusst bleiben, dass es in dieser Sache kein definitives Wissen geben kann, weil der Tod selbst kein Gegenstand für das naturwissenschaftliche Forschen sein kann. Biologische und chemische Untersuchungen betreffen bestenfalls noch den verwesenden Körper, aber diese Einsichten helfen nicht weiter bei der Frage, was der Tod eigentlich ist und ob noch etwas danach geschieht. Es sind Fragen, mit denen sich die Philosophen seit Jahrtausenden abmühen und auf die man in den großen Religionen eine deutende Antwort zu geben versucht.*

Zudem ist bekanntlich noch kein Verstorbener zu den Lebenden zurückgekehrt, um sie über ein „Danach" aufzuklären. Somit bleibt der Tod für alle Menschen eine offene Frage und eine Herausforderung.

Aber an den äußerlichen Fakten, wie ich sie eben angedeutet habe, führt doch kein Weg vorbei. Als organische Lebewesen haben wir – bei einem normalen Verlauf – ein programmiertes Verfallsdatum, egal in welchem Alter es eintritt. Das ist der natürliche Gang der Dinge.

Trotzdem ist es recht kurzschlüssig, aus der erfahrbaren Endlichkeit des Körpers eine umfassende Aussage über das Ende eines Menschenlebens zu treffen. Was wir sehen, muss noch nicht die ganze Wahrheit sein. Es geht beim Nachdenken über unsere Endlichkeit letztlich um die Frage nach uns selbst, nach dem Wesen des Menschseins. Sterben und Tod sind als faktische Elemente unseres Daseins selbstverständlich immer eingebettet in einen größeren Deutungsrahmen über das Leben und einen möglichen Sinn.
Die Gleichsetzung der Person mit dem toten Körper bleibt folglich auch eine Behauptung, die nicht beweisbar ist.

Dass der Mensch eben nichts anderes sei als ein komplexer Organismus, eine genetische Maschine, ist eine beliebte Ansicht unter Materialisten. Für sie besteht alles nur aus Materie.

Auch dein Denken, Fühlen und Wollen, dein Charakter, deine ganze Persönlichkeit basiert nach ihrer Ansicht ausschließlich auf den organisatorischen Fähigkeiten einer materiellen Basis, vornehmlich deines Gehirns. Das ist eine recht vollmundige These.

Dass das alles ohne Gehirn gar nicht stattfinden kann, lässt sich wohl kaum bestreiten.

Das ist aber nicht der Knackpunkt. Es geht hier um die verallgemeinernde Aussage der Hirnforscher, aus dem Aufbau und den Funktionen des Gehirns schon eine wissenschaftliche Formel für das Bewusstsein abzuleiten. In der Folge – so die Annahme – wäre man mit der Zeit in der Lage, das Rätsel des Bewusstseins zu lösen und so die menschliche Psyche, letztlich deine gesamte Persönlichkeit entschlüsseln zu können. Und bei der neutralen Beschreibung soll es nicht bleiben. Es geht um Verfügbarkeit, um die Möglichkeit der Manipulation. In dieser Richtung träumen Science-Fiction-Autoren schon davon, die komplette Persönlichkeit eines Menschen mit all seinem Wissen und seinen individuellen Erfahrungen auf eine Festplatte überspielen zu können...

147

Ich finde das eine grausige Vorstellung. Mit verant-wortlicher Wissenschaft hat das nichts mehr zu tun.

Die Gleichsetzung von Gehirn und Geist ist hier das Problem. Ein altes Thema der Philosophie, das nicht so einfach zu lösen ist. Dass diese Identifizierung des Geistigen mit einem materiellen Objekt, dem Gehirn, mehr als bedenklich ist, letztlich sogar eine unwissenschaftliche Grenzüberschreitung bedeutet, lässt sich etwa beim Träumen aufzeigen. Alle korrekt messbaren Aktivitäten in deinem Gehirn während einer Traumphase, die sich mit bildgebenden Verfahren auf Monitoren beobachten lassen, mögen zwar untrügliche Belege für dein Träumen sein, doch geben sie keine Auskunft über die Inhalte und was dieser Traum für dich bedeutet.

Vielleicht hattest du nach dem Aufwachen plötzlich eine wichtige Idee, die dein Leben verändert; oder im Traum hat dein Gehirn vielleicht ein wissenschaftliches Problem gelöst. Für dieses Phänomen gibt es berühmte Beispiele. Jedenfalls gibt es hier eine Innen- und eine Außenseite, die zwar nicht getrennt, aber unterschieden werden können. Dein Ich ist nicht dein Gehirn!

Du meinst, der Geist bzw. das Bewusstsein ist etwas völlig anderes als das materielle Gehirn?

Wie soll man das nun verstehen? Wie kommt in dieser physikalischen Welt auf einmal etwas her, das nicht mehr physikalisch zu messen und zu beschreiben ist?

Kurz gesagt: das ist das große Rätsel der Evolution. Unser Gehirn hat ja eine lange Entwicklungsgeschichte hinter sich. Irgendwann auf diesem Weg ermöglichte das Wachstum des Großhirns den Qualitätssprung, der Selbstbewusstsein hervorbrachte. Auch bei unseren nächsten Verwandten im Tierreich, den Menschenaffen, können wir diesen Ansatz beobachten. Beim Homo sapiens erfuhr diese Fähigkeit dann ihre Blüte. Wir sind unserer selbst bewusst, können über uns selbst und die restliche Welt nachdenken. Das erhebt uns zu einer besonders ausgestatteten Spezies und macht uns ein Stück weit von der Instinktsteuerung frei, macht damit aber auch das Denken und Entscheiden zu einem Muss. Wir müssen nicht mehr wie Sklaven nur einer biologischen Programmierung folgen. So hat noch kein anderes Tier außer uns bewusst eine Diät gemacht. Auch in Sachen Sexualität sind wir nicht auf bestimmte „Brunft-zeiten" festgelegt. Wir genießen etwas mehr Freiheit. -

Was Bewusstsein letztlich ist, bleibt rätselhaft. Der menschliche Geist ist mit den Mitteln naturwissenschaftlicher Forschung nicht zu fangen.

149

Es scheint mir doch einigermaßen vermessen zu sein, aus der Erforschung des Gehirns das Wesen des Menschen bestimmen zu wollen. Soll sich ein Gedicht von Rilke, Goethes „Faust", Michelangelos „David" oder Einsteins Relativitätstheorie unmittelbar ursächlich aus deren Hirnwindungen ableiten und begründen lassen? Oder besteht die Liebe zu deiner Frau und deinem Sohn lediglich aus den Resultaten deiner Gehirnchemie?

Ja, das käme mir auch etwas befremdlich vor. Da würde ich mich als Person nicht mehr ganz ernst genommen fühlen.

Genau. Es ist eine zutiefst menschliche Erfahrung, dass wir uns selbst als eine merkwürdige Kombination von Materie und Geist wahrnehmen, die zu entschlüsseln unserer Reflexion nicht wirklich gelingen will. Die Philosophiegeschichte ist voll von entsprechenden Deutungsversuchen, über die bis heute lebhaft diskutiert wird.

Ausführlicher brauchen wir das an dieser Stelle nicht zu verfolgen. Kommen wir lieber wieder auf unser eigentliches Thema zurück.

Neben der schon genannten Deutung, dass mit dem Tod das Leben endgültig vorbei ist, gibt es noch ein paar andere Denkmodelle aus den Bereichen der Philosophie und der Religionen, die wir kurz genauer anschauen sollten.

Du denkst dabei vermutlich an das, was Hindus und Buddhisten glauben, nämlich die Wiedergeburt. Aber das finde ich auch etwas seltsam, in dieser Welt immer wieder neu geboren zu werden, wieder zu sterben und so weiter. Welchen Grund sollte man für diese Überzeugung haben?

Nicht nur in Asien ist diese Idee beheimatet. Selbst in westlichen Ländern hat sie viele Anhänger. Diese Vorstellung geht von einer umfassenden religiös-moralischen Weltordnung aus. In jedem Menschen, so sagen sie, ist etwas Göttliches angelegt, das in dieser Welt voll zur Entfaltung gebracht werden soll. Dafür reicht jedoch ein einzelnes Leben nicht aus. Der Weg zur Vollkommenheit und Erleuchtung braucht einen längeren Weg. Für diese geistige Evolution wandert die Seele durch wechselnde Körper die Stufen in Richtung Erlösung.

Die „Zwischenbilanz" nach jedem Leben wird mit dem Begriff „Karma" umschrieben, die über die Bedingungen der nächsten Wiedergeburt entscheidet. Viele gute Taten im jetzigen Leben führen zu mehr Glück im nächsten, schlechte Taten eben zu schlechteren Lebensumständen. Damit ist eine kosmisch garantierte Gerechtigkeit gewährleistet.

In dieser knappen Skizzierung bleiben allerdings die vielen Variationen und Unterschiede zwischen den verschiedenen Traditionen unberücksichtigt. Uns reicht erstmal das Grundmuster.

Wie stehst du dazu? Hast du eventuell ein Argument dagegen?

Die Aussicht auf mehrere Leben wirkt sympathisch. Sie passt so gar nicht zu der uns vertrauten Vorstellung, nur ein einziges Mal auf dieser Welt zu sein.

Ob man sich so selbstverständlich darüber freuen wird, demnächst erneut als Baby aufzutauchen, wage ich zu bezweifeln, schließlich weiß ich dann schon, dass das Leben nicht nur Sonnenseiten hat.

Und wenn mein Karma mir zwangsläufig ein Leben unter erschwerten Bedingungen auferlegt, wird sich die Freude und Zustimmung sicherlich in Grenzen halten.

In Indien zum Beispiel als Frau wiedergeboren zu werden, dürfte vielleicht eher als Bestrafung empfunden werden. Und wenn das Ganze als eine Art Lernweg hin zur Vollkommenheit sein soll, setzt es doch voraus, dass ich bewusst aus meinen Fehlern lernen kann. Dazu brauche ich aber doch die Erinnerungen an meine vorigen Lebensgeschichten, sonst tappe ich ja weiterhin im Dunkeln. Oder?

Damit hast du einen wichtigen Kritikpunkt ange-sprochen. Auch wenn es immer wieder Berichte gibt, dass Menschen sich angeblich an ihre letzten Inkarnationen erinnern können, so müssen offenbar Millionen anderer ohne diesen Rückblick zurechtkommen. Das Prinzip des Karmas wirkt zudem wie eine gnadenlose Buchhaltermethode.

Dem Einzelnen wird dadurch die alleinige Verantwortung für sein weiteres Schicksal zugesprochen, doch scheinen hier Gnade, Barmherzigkeit und Vergebung, Begriffe, die in Judentum, Christentum und Islam einen hohen Stellenwert besitzen, keinerlei Bedeutung zu haben. Eventuell verführt die Aussicht auf weitere Leben ja auch dazu, in der Anstrengung um die persönliche Reifung etwas nachlässig zu werden und manche Gelegenheit auf das nächste Leben zu „verschieben".

Aber auch wenn man sich redlich um das bestmögliche Karma bemüht, bleibt man über viele Existenzen hinweg hinter dem angestrebten Ziel zurück. Der Druck, es noch besser zu machen, um dem Kreislauf der Wiedergeburten endlich zu entrinnen, bleibt unvermindert bestehen. -

Das sind nur erste Ansätze in der Debatte um die Lehre von der Seelenwanderung (oder: Reinkarnation). – Trotz aller Lust am Streit der Argumente wollen wir aber nicht den Respekt vor der Glaubenssicht anderer Menschen vergessen. Für Abermillionen Bewohner Asiens ist dieses Denkmodell von entscheidender Bedeutung für ihre Lebensorientierung. Niemandem steht es zu, ihren Glauben als unsinnig hinzustellen. Doch jeder, der etwas Bedeutsames glaubt, wird sich gerne einem vergleichenden Dialog stellen.

Den Gedanken einer eigenständig existierenden Seele kennt auch der griechische Philosoph Platon im vierten vorchristlichen Jahrhundert. Für ihn ist die Seele sogar der eigentliche Kern des Menschen. Seine unsterbliche Seele verbindet sich bei der Geburt mit dem materiellen Körper und bleibt dort bis zum Tod gefangen. Danach trennt sie sich wieder von ihrem materiellen Käfig und kehrt in die geistige Welt zurück.

Diese Überzeugung ist hierzulande doch immer noch weit verbreitet. Bei vielen Trauerfeiern wird davon gesprochen, dass die Seele des Verstorbenen nun bei Gott sei und bloß seine „sterbliche Hülle" nun in die Erde gelegt werde.

Wenn so gesprochen wird, sollte immer klar sein, dass man sich damit auf eine Sichtweise der griechischen Philosophie bezieht, nicht aber auf die Bibel. Dort kennt man keine derartige „Aufteilung" des Menschen in einen sterblichen und einen unsterblichen Teil. Biblisch ist der Mensch eine unteilbare Ganzheit, die als solche dann auch stirbt. Erst als sich das junge Christentum vom Orient hinüber nach Europa ausbreitete und sich mit dem griechischen Denken auseinandersetzen musste, floss diese platonische Idee in die christliche Theologie ein und prägte nachhaltig das Menschenbild.

Und was ist jetzt die christliche Antwort auf den Tod?

Nun, die unterscheidet sich in ihrer Basis kaum von den anderen großen Religionen: 1. Es gibt eine andere Dimension der Wirklichkeit, ob man sie nun Jenseits, Himmel oder Paradies nennen will. 2. Der Tod ist kein endgültiges Ende, sondern ein Übergang in diese „andere Welt". 3. Welches Schicksal den Menschen „drüben" erwartet, hängt auch davon ab, wie er sein Leben vor dem Tod zugebracht hat.

Also auch im Christentum spielt die Rechenschaft über das irdische Leben eine wichtige Rolle. Stichworte wie „Hölle" und „Fegefeuer" hast du nicht erwähnt.

Sämtliche Begriffe über das Dasein nach dem Tod haben einen symbolischen Charakter und dürfen nicht wörtlich ausgemalt werden. Da wir über dieses andere Leben faktisch nichts wissen, war der Phantasie stets viel Platz eingeräumt worden.

Solange diese „Einbildungen" nicht als genaue Landkarte vom Jenseits ausgegeben werden, sind derartige Bilder nicht gefährlich. Im anderen Falle sind sie ein wirkungsvolles Mittel, um damit zu drohen. Die Angst vor den Höllenqualen war im Mittelalter ein höchst reales Horror-Szenario.

Im Begriff „Hölle" ist keine Örtlichkeit gemeint, sondern die extreme Ferne von Gott. Der Glaube muss konsequent auch daran festhalten, dass der Mensch in freier Entscheidung zu Gott auch nein sagen kann.

Das „Fegefeuer" wurde als Zwischenstation auf dem Weg zum Himmel gedacht, wo es noch um die Reinigung von „leichteren" Sünden geht. Erst danach öffnen sich die Pforten des Himmels...

Ich rate immer zur Vorsicht mit solchen symbolischen Begriffen. Sie können leicht missverstanden werden und suggerieren „Kenntnisse", die niemand wirklich besitzen kann. Daher möchte ich sie heute am liebsten gar nicht mehr benutzen.

Aber diese Begriffe und Bilder sind tief in unserer kulturellen Überlieferung verwurzelt. In unserer Sprache leben sie ja fröhlich weiter: Wenn jemand „durch die Hölle geht" oder „im siebten Himmel ist", so weiß eigentlich jeder, was mit diesen Metaphern ausgedrückt werden soll. Niemand wird das wörtlich verstehen.

Natürlich nicht, weil wir gemeinsam über einen reichen Metaphernschatz verfügen, mit dem wir etwas bezeichnen können, was nur „zwischen den Zeilen" gelesen und verstanden werden kann.

Mit vielen religiösen Ausdrücken verhält es sich ähnlich. Nur hat sich dieser Sektor inzwischen in eine Fremdsprache verwandelt, die viel Übersetzungsarbeit erfordert.

Aber zurück zu deiner Frage. Der christliche Glaube an eine Weiterexistenz nach dem Tod nährt sich aus zwei Wurzeln:

Die eine möchte ich eine „vernünftige Hoffnungs-Option" nennen, die andere führt zurück ins Neue Testament, zu den Erzählungen von der Auferstehung Jesu. Beide Elemente sind zwei Seiten derselben Medaille.

Die christliche Hoffnung bezieht sich auf drei Brennpunkte, um die unser Dasein kreist:

Erstens: Der Sinn. Wenn das Leben mit dem Tod endgültig vorbei ist, bleibt unklar, welchen Sinn unser Dasein haben soll. Alle menschlichen Mühen und Leiden enden dann ohne Ziel und Sinn. Ohne eine Sinn-Perspektive kann aber niemand leben. Und das, was dem Leben Sinn gibt, soll mit dem Tod nicht wieder ausgelöscht werden, sondern darüber hinaus Bestand haben. Darum glauben Christen, dass der Sinn des Ganzen im bzw. nach dem Tod erkennbar wird und sich damit unser Leben vollenden kann.

Zweitens: Die Liebe. Wirkliche Liebe will dauerhaft bestehen. Die Liebe zu einem anderen Menschen kann auch der Tod nicht wirklich zerstören. Alle Liebenden hoffen auf eine bleibende Gemeinschaft auch nach dem jetzigen Leben, glauben an eine „ewige Liebe". Ein endgültiges Verschwinden eines geliebten Menschen bleibt unerträglich. Darum glauben Christen daran, dass letztlich die Liebe stärker sein wird als der Tod.

Drittens: Die Gerechtigkeit. Das Leben in dieser Welt verläuft und endet oft ungerecht. Wenn unser Streben nach Gerechtigkeit jedoch niemals zum Ziel gelangt, bleibt unser Bemühen letztlich ohne Sinn. Darum glauben Christen an eine Erfüllung dieser Hoffnung im Jenseits.

Man könnte auch sagen: In dem Wort „Gott" verbinden sich für den Glauben alle diese sehnsüchtigen Hoffnungen. Gott ist der Sinnhorizont des Lebens, er ist der Inbegriff von Liebe und er verkörpert unser Begehren nach Gerechtigkeit.

Das ist die Hoffnung, nicht mehr und nicht weniger.

Das ist tatsächlich eine weitreichende Perspektive, obwohl diese Hoffnungen sicherlich von vielen Menschen geteilt werden. Nur, dass deren Erfüllung von Gott erwartet wird, ist ein Glaubens-Schritt, den nicht jeder mitgehen will oder kann. Ich nehme mich da nicht aus.

Obwohl ich durch unsere Gespräche schon eine andere Einstellung zu diesen Dingen gewonnen habe, fühle ich mich nicht in der Lage, aus voller Überzeugung zu sagen „Ja, das glaube ich auch!". Vielleicht noch nicht. Ich weiß nicht. Man kann sich doch nicht einfach entschließen, etwas Bestimmtes zu glauben, oder?

Du hast völlig Recht. Es geht schließlich nicht darum, irgendwelchen Aussagen einfach nur zuzustimmen nach dem Motto „Hört sich gut an. Gefällt mir.

Das glaube ich jetzt auch." Das wäre nicht das, was damit gemeint ist. Beim Glauben spielt zwar der Kopf auch eine wichtige Rolle, weil ja nichts geglaubt werden sollte, dass der vernünftigen Einsicht total entgegensteht. Aber der Glaube sitzt tiefer und verlangt mehr.

Der französische Philosoph und Mathematiker Blaise Pascal hat es so ausgedrückt: „Das Herz hat seine Gründe, die der Verstand nicht kennt." Wirklicher Glaube nimmt deine ganze Person in Anspruch, vergleichbar mit der Liebe. Sie verlangt dich auch „mit Haut und Haaren". Wenn du einen anderen Menschen liebst, lässt du dich auch mit deiner ganzen Person auf den Anderen ein. Dieses Vertrauen ist immer auch ein Wagnis, weil es dabei keine Garantien gibt. Dein komplettes Ich wird zum Einsatz. Dann kann es gelingen. – Der religiöse Glaube ist ein ebensolcher Vertrauens-Vorschuss, nur noch größer, da es hierbei kein direkt wahrnehmbares Gegenüber gibt, das auf dein Vertrauen, dein „Ich liebe dich" auf gleiche Weise antwortet. Er bleibt ein Abenteuer, dessen „Wahrheit" sich erst im Nachhinein vollgültig zeigen wird. Darum gilt es gut zu prüfen, worauf man sich einlässt. Das braucht Zeit, erfordert Offenheit und Geduld – wie bei Liebe und Partnerschaft.

Das kann ich gut verstehen. Auch die tiefgreifende Veränderung, die das Liebesabenteuer mit sich bringt, was ich anfänglich nicht gedacht hätte. Durch meine neuen Rollen als Ehemann und dann als Vater bin ich als Mensch sicherlich ein anderer geworden. Erst durch das Einlassen auf diese anderen Erfahrungen konnte ich mich und das Leben in einer neuen Qualität wahrnehmen und als für mich richtig bestätigen. Doch um es angemessen zu beschreiben, was es für mich bedeutet, fehlen mir auch die passenden Worte…

Das geht mir ebenso. Mir scheint, durch diese Erfahrungen und Einsichten bist du zugleich auf einem guten Weg zum besseren Verstehenkönnen dessen, worüber wir in den letzten Wochen gesprochen haben. Und es passt auch zu der zweiten Wurzel der christlichen Jenseits-Hoffnung, nämlich der Rede von der Auferstehung.

Oh, da kann ich mich dunkel erinnern. Es geht doch darum, dass Jesus kurz nach seinem Tod, seiner Kreuzigung, wieder lebendig war. Das klingt nicht gerade plausibel, denn niemand steigt wieder aus dem Grab heraus – wenn er wirklich tot ist. Bei Jesus dürfte das auch nicht anders gewesen sein. Es sei denn, mit der Auferstehung wäre ein so ungewöhnliches und einmaliges „Wunder" geschehen, bei dem alle Naturgesetze plötzlich umgangen worden wären. Dann würde es sich für einen modernen Menschen ebenso unglaubwürdig anhören. Was steckt also dahinter?

Wir sollten die Verfasser der Evangelien natürlich nicht für so weltfremd und unrealistisch halten, dass sie eine Botschaft verbreiten, bei der alle Leser nur noch den Kopf schütteln können. Außerdem dürfen wir nicht vergessen, dass diese Texte rund zweitausend Jahre alt sind, einer anderen Kultur und Sprache entstammen. Dieser Graben ist nicht so einfach zu überbrücken.

Die Evangelienschreiber haben mit den sprachlichen Mitteln ihrer Zeit und Umwelt ihr Glaubensbekenntnis für eine bestimmte Lesergruppe formuliert. Wir sind also nicht die Erstadressaten, teilen nicht ihre Sprache (das Neue Testament ist in damaligem Griechisch verfasst), nicht ihre religiöse Vorstellungswelt.

Trotzdem können wir uns erschließen, was sie mitteilen wollten.

Die Rede von der Auferstehung und die Art und Weise ihrer kirchlichen Verkündigung scheinen über lange Zeit hinweg ein Falschverstehen geradezu heraufbeschworen zu haben. Es wurde vor allem als eine geschichtliche Tatsache hingestellt, was jedoch als lebensbejahende Glaubensbotschaft gedacht ist.

Jetzt wird es unklar. Ist die Auferstehung von Jesus nun eine Tatsache oder nicht?

Es ist zumindest keine Tatsache wie wenn ich sage „Es regnet". Dann schaust du hinaus und weißt, ob diese Aussage stimmt. Zur weiteren Klärung zwei Bemerkungen vorab: Die Evangelien erzählen nicht über ein Ereignis, dass man hätte filmen oder fotografieren können. Wer sich das Gemeinte in dieser Art vorstellt, ist auf dem Holzweg. Auferstehung ist kein Geschehen in Raum und Zeit.

Zweitens wird im ganzen Neuen Testament nirgends genauer beschrieben, wie die Auferstehung selber vorstellbar sei. Sämtliche Erzählungen darüber setzen „danach" an und haben die eigenartigen und lebensverändernden Wirkungen zum Inhalt.

Dazu möchte ich dir gerne als Beispiel die vielleicht bekannteste unter diesen Szenen im Wortlaut vortragen:

Und siehe, zwei von ihnen waren an demselben Tage auf der Wanderung nach einem Dorf begriffen, das sechzig Stadien (d.h. etwa zwölf Kilometer oder zweieinhalb Stunden) von Jerusalem entfernt lag und Emmaus hieß. Sie unterhielten sich miteinander über alle diese Begebenheiten.
Während sie sich nun so unterhielten und sich gegeneinander aussprachen, kam Jesus selbst hinzu und schloss sich ihnen auf der Wanderung an; ihre Augen jedoch wurden gehalten, so dass sie ihn nicht erkannten. Er fragte sie nun: »Was sind das für Gespräche, die ihr da auf eurer Wanderung miteinander führt?« Da blieben sie betrübten Angesichts stehen. Der eine aber von ihnen, namens Kleopas, erwiderte ihm:

»Du bist wohl der einzige, der sich in Jerusalem aufhält und nichts von dem erfahren hat, was in diesen Tagen dort geschehen ist?«

Er fragte sie: »Was denn?« Sie antworteten ihm: »Das, was mit Jesus von Nazareth geschehen ist, der ein Prophet war, gewaltig in Tat und Wort vor Gott und dem ganzen Volk. Ihn haben unsere Hohenpriester und der Hohe Rat zur Todesstrafe ausgeliefert und ans Kreuz gebracht. Wir aber hatten gehofft, dass er es sei, der Israel erlösen würde; aber nun ist bei dem allem heute schon der dritte Tag, seil dies geschehen ist. Dazu haben uns aber auch noch einige Frauen, die zu uns gehören, in Bestürzung versetzt: sie sind heute in der Frühe am Grabe gewesen und haben, als sie seinen Leichnam nicht gefunden hatten, nach ihrer Rückkehr erzählt, sie hätten auch noch eine Erscheinung von Engeln gesehen, und diese hätten gesagt, dass er lebe. Da sind denn einige der Unseren zum Grabe hingegangen und haben es so gefunden, wie die Frauen berichtet hatten, ihn selbst aber haben sie nicht gesehen.« Da sagte er zu ihnen: »O ihr Gedankenlosen, wie ist doch euer Herz so träge (oder: stumpf), um an alles das zu glauben, was die Propheten verkündigt haben! Musste denn Christus (oder: der Messias) dies nicht leiden und dann in seine Herrlichkeit eingehen?« Darauf fing er bei Mose und allen Propheten an und legte ihnen alle Schriftstellen aus, die sich auf ihn bezogen. So kamen sie in die Nähe des Dorfes, wohin die Wanderung ging, und er tat so, als wollte er weiterwandern. Da nötigten sie ihn mit den Worten: »Bleibe bei uns, denn es will Abend werden, und der Tag hat sich schon geneigt!« So trat er denn ein, um bei ihnen zu bleiben. Als er sich hierauf mit ihnen zu Tisch gesetzt hatte, nahm er das Brot, sprach den Lobpreis (Gottes), brach das Brot und gab es ihnen: da gingen ihnen die Augen auf, und sie erkannten ihn; doch er entschwand ihren Blicken.

(Lukas 24,13-31; Übersetzung Herrmann Menge)

Es geht hier also um zwei Anhänger von Jesus, die nach seiner Hinrichtung Jerusalem verlassen, niedergeschlagen und enttäuscht, dass er wohl doch nicht der erhoffte Messias war.

Und dann wird's merkwürdig. Jesus ist plötzlich mit dabei, sie aber erkennen ihn nicht. Wie kann das sein? Sie waren doch ständig mit ihm zusammen. Erst als er mit ihnen isst und betet, wird ihnen schlagartig klar, wer mit ihnen auf dem Weg war. Und in diesem Moment ist er verschwunden.

Genau. Die Absicht von Lukas war es, exakt diese scheinbar paradoxe Situation darzustellen. Jesus ist auch jetzt noch irgendwie „anwesend", aber nicht so wie er vorher physisch erkennbar war. Für diese andere Weise seiner Gegenwart braucht man nicht die äußerlichen Augen. Deswegen lässt Lukas sie auf dem Weg quasi „blind" sein. Erst beim Brotbrechen – wie beim letzten Abendmahl – gehen ihnen „die Augen auf". Jetzt haben sie kapiert, dass sie vorher nichts kapiert hatten. Jesus war nicht einfach tot und verschwunden. Er war auf andere Weise noch „da". –

Kennst du nicht diese Erfahrung, dass einem auf einmal etwas klar wird, dass man etwas erkennt, was man längst hätte erkennen können, weil es die ganze Zeit direkt vor Augen lag?

Doch, das ist mir schön öfter passiert. Ich bin dann immer über mich selbst erstaunt und erschrocken, dass ich vorher so blind sein konnte…

164

... dann schlägt man sich an den Kopf und wundert sich über die eigene Dummheit.

Ähnlich scheint es auch den Jüngern ein paar Tage nach Jesu Tod ergangen zu sein.

Sie verstanden nun, dass er trotz seines scheinbaren Scheiterns kein Gescheiterter war, dass er nicht einfach verschwunden und (auch von Gott!) vergessen ist, sondern lebt, wenn auch anders als vorher. Dieses Überzeugtsein war für sie begründet und jeweils neu bestätigt durch ihre eigenen Erfahrungen. Dort, wo sie sich bemühten, so zu leben wie ihr Vorbild, spürten sie wohl auch immer wieder etwas von dem Geheimnis, das sich für sie mit dem Namen Jesus verband.

Ihnen wurde auch klar, dass sein „Weiterleben" als endgültige Bestätigung seiner Lehre und seines Lebens zu verstehen ist. Der Glaubensweg, den Jesus gezeigt hatte, war für sie jetzt zu dem Weg geworden, den alle Menschen gehen können und sollen, sofern sie wirklich nach Sinn und Erfüllung, nach einem tragfähigen Lebensmodell und einem solidarischen Gemeinschaftsleben suchen. Also begannen seine Freundinnen und Freunde für diesen Weg zu werben...

Wenn also in und durch Jesus etwas von Gott als der unergründlichen Innenseite des Lebens „sichtbar" geworden war, so durfte nun auch - im gläubigen

Weiterdenken - angenommen werden, dass der Tod nicht das letzte Wort über diesen Mann aus Nazareth haben konnte.

Und was für ihn galt, sollte auch für alle anderen Menschen gelten. Darum schreibt der Apostel Paulus im Römerbrief (8,11): „Mehr noch: Der Geist, der in euch lebt, ist ja der Geist dessen, der Jesus vom Tod auferweckt hat. Dann wird derselbe Gott, der Jesus Christus vom Tod auferweckt hat, auch euren todverfallenen Leib lebendig machen. Das bewirkt er durch seinen Geist, der schon jetzt in euch lebt."

Wurde denn der Gedanke an eine Auferstehung vom Tod erst durch Jesus bzw. die Verfasser der Evangelien in die Welt gebracht? Den Glauben an ein Weiterleben gab es doch auch schon früher bei vielen Völkern.

Das ist richtig, doch im Judentum entwickelte sich erst in den letzten Jahrhunderten vor Jesus die Überzeugung, dass Gottes Macht nicht am Totenreich endet, sondern er auch dort der Herr über das Leben blieb. Im Buch Daniel des Alten Testamentes heißt es: „Du aber geh nun dem Ende zu! Du wirst ruhen und am Ende der Tage wirst du auferstehen, um dein Erbteil zu empfangen" (12,13). Später war das zentraler Bestandteil der jüdischen Tradition. Ein wichtiges Gottesdienst-Gebet formuliert das dann so:

„Du ernährst die Lebenden mit Gnade, belebst die Toten in großem Erbarmen, stützest die Fallenden, heilst die Kranken, befreist die Gefesselten und hältst die Treue denen, die im Staube schlafen. Wer ist wie du, Herr der Allmacht, und wer gleichet dir, König, der tötet und belebt und Rettung erwachsen lässt. Und treu bist du, die Toten wieder zu beleben. Gelobt seist du, Ewiger, der die Toten belebt!"

Jetzt wird mir erst deutlich, warum du vorhin meintest, die beiden Wurzeln seien zwei Seiten derselben Medaille. Der Angelpunkt ist und bleibt der Glaube an Gott, der als Schöpfer von allem Lebendigen seinen Geschöpfen zugewandt bleibt, ihnen immer nah ist und sie auch nicht durch den Tod von ihm getrennt werden.

Besser hätte ich es nicht zusammenfassen können.

Anhang:
Auszüge aus den Auferstehungs-Erzählungen der Evangelien

Matthäus 28,1-6:

Nach Ablauf des Sabbats aber, als der erste Tag nach dem Sabbat (= der erste Wochentag) anbrechen wollte, gingen Maria von Magdala und die andere Maria hin, um nach dem Grabe zu sehen. Da entstand plötzlich ein starkes Erdbeben; denn ein Engel des Herrn, der vom Himmel herabgekommen und herangetreten war, wälzte den Stein weg und setzte sich oben darauf.

Sein Aussehen war (leuchtend) wie der Blitz und sein Gewand weiß wie der Schnee.

Aus Furcht vor ihm zitterten die Wächter und wurden wie tot. Der Engel aber wandte sich an die Frauen mit den Worten: »Fürchtet ihr euch nicht! Denn ich weiß, dass ihr Jesus, den Gekreuzigten, sucht. Er ist nicht (mehr) hier, denn er ist auferweckt worden, wie er es vorausgesagt hat.

Markus 16,1-8:

Als dann der Sabbat vorüber war, kauften Maria von Magdala und Maria, die Mutter des Jakobus, und Salome wohlriechende Salben, um hinzugehen und ihn zu salben; und ganz früh am ersten Tage der Woche (oder: nach dem Sabbat, d.h. am Sonntag) kamen sie zum Grabe, als die Sonne (eben) aufgegangen war; und sie sagten zueinander: »Wer wird uns den Stein vom Eingang des Grabes wegwälzen?«, er war nämlich sehr groß; doch als sie hinblickten, sahen sie, dass der Stein schon weggewälzt war. Als sie dann in das Grab hineingetreten waren, sahen sie einen Jüngling auf der rechten Seite sitzen, der mit einem langen, weißen Gewande bekleidet war, und sie erschraken sehr. Er aber sagte zu ihnen: »Erschreckt nicht! Ihr sucht Jesus von Nazareth, den Gekreuzigten: er ist auferweckt worden, ist nicht mehr hier; seht, da ist die Stelle, wohin man ihn gelegt hatte! Geht aber hin und sagt seinen Jüngern und (besonders) dem Petrus, dass er euch nach Galiläa vorausgeht: dort werdet ihr ihn wiedersehen, wie er euch gesagt hat.« Da gingen sie hinaus und flohen vom Grabe hinweg; denn Zittern und Entsetzen hatte sie befallen; und sie sagten niemand etwas davon, denn sie fürchteten sich.

Lukas 24,1-6:

Am ersten Tage nach dem Sabbat (oder: am ersten Tage der Woche) aber kamen sie beim Morgengrauen zum Grabe mit den wohlriechenden Stoffen, die sie zubereitet hatten. Da fanden sie den Stein vom Grabe weggewälzt, doch als sie hineingetreten waren, fanden sie den Leichnam des Herrn Jesus nicht. Während sie nun hierüber ratlos waren, standen plötzlich zwei Männer in strahlenden Gewändern bei ihnen; und als sie in Furcht gerieten und den Blick zu Boden schlugen, sagten diese zu ihnen: »Was sucht ihr den Lebenden bei den Toten? Er ist nicht (mehr) hier, sondern ist auferweckt worden.

Johannes 20,11-16:

Maria aber war draußen am Grabe stehengeblieben und weinte. Mit Tränen in den Augen beugte sie sich vor in das Grab hinein; da sah sie dort zwei Engel in weißen Gewändern dasitzen, den einen am Kopfende, den andern am Fußende der Stelle, wo der Leichnam Jesu gelegen hatte.

Diese sagten zu ihr: »Frau, warum weinst du?« Sie antwortete ihnen: »Man hat meinen Herrn weggenommen, und ich weiß nicht, wohin man ihn gelegt hat.« Nach diesen Worten wandte sie sich um und sah Jesus dastehen, wusste aber nicht, dass es Jesus war. Da sagte Jesus zu ihr: »Frau, warum weinst du? Wen suchst du?« Sie hielt ihn für den Hüter des Gartens und sagte zu ihm: »Herr, wenn du ihn weggetragen hast, so sage mir doch, wohin du ihn gebracht hast; dann will ich ihn wieder holen.« Jesus sagte zu ihr: »Maria!« Da wandte sie sich um und sagte auf hebräisch (= aramäisch) zu ihm: »Rabbuni!«, das heißt »Meister (oder: Lehrer)«.

(Übersetzung: Hermann Menge)

Mit anderen Worten…

„Vor kurzem fragte mich ein junges Mädchen in einer Diskussion: «Ist mit dem Tode alles aus?» Ich wollte gerne wissen, was sie zu der Frage gebracht hat. Sprach sie über sich selber, hatte sie vielleicht Angst, Krebs zu kriegen und sterben zu müssen? Oder sprach sie so, weil sie eine Freundin oder einen Freund verloren hatte und eine Art Trost suchte in der Hoffnung auf ein Wiedersehen nach diesem Leben? Oder war es mehr eine theoretische Frage, wie man sie manchmal in Diskussionen gestellt bekommt? Ich hatte zuvor versucht, über das Ewige Leben zu sprechen, das hier auf der Erde stattfindet. Die Bibel benutzt das Wort tot meistens nicht im biologischen Sinn, sondern eher so, wie wenn wir über etwas sagen: Alles tot! Kannste vergessen! Ich habe eine ganze Weile überlegt, was ich dem jungen Mädchen noch sagen könnte. Schließlich meinte ich: Es kommt darauf an, was wir unter alles verstehen. Wenn du für dich alles bist, dann ist für dich mit dem Tod alles aus. Wenn dein Leben aber alles um dich herum erfasst, wenn du ein Teil des ganzen Lebens auf der Erde bist, ein Teil der Liebe, die Menschen und Schöpfung miteinander verbindet, dann weißt du ganz gewiss, dass es nach dir weitergeht. Dann bist du ein Teil des Lebensstroms geworden. Dann bist du auch Wasser des Lebens geworden. Dann ist gar nichts aus, weil Gott nicht aus ist."

Dorothee Sölle/Fulbert Steffensky: Nicht nur Ja und Amen, rororo rotfuchs 624, Reinbek 1983, 85

****

„Wenn man die aufgeworfenen (letztlich unabweisbaren) Fragen stellt und nicht (mit Denk- und Frage-Verboten) verdrängt, sondern aushält, dann wird eine erweiterte, tiefere Weltsicht plausibel, die mit einer ganz anderen Dimension rechnet, mit jenem göttlichen Geheimnis, das Urgrund und Ziel aller Dinge ist. Dann ist schon das jetzige Leben ein Prozess der Reifung und Wandlung hin zu größerer Offenheit und Liebe. Und dann ist auch der Tod nicht ein End-Punkt, sondern ein Übergang, Eintreten in eine ganz andere Dimension, in die Ewigkeitsdimension, und ein Verwandeltwerden.

Wie es wirkliches Lieben nicht gibt ohne Loslassen und Sterben des Egoismus, so gibt es erst recht Vollendung nicht ohne Tod und Verwandlung. Das gilt für uns Menschen, für unsere Mitgeschöpfe und wohl auch für den Kosmos als ganzen. Das Bisherige muss sterben, muss durch den Untergang hindurch gehen in den neuen Anfang.
Die Schmerzen des Untergangs sind so etwas wie die Geburtswehen der neuen Welt in der Dimension Gottes. Die Alte Kirche kannte das Bild von der Raupe, die sich — unter Zurücklassen der Reste — in einen wunderschönen Schmetterling verwandelt. Und auf einem Grabstein in Nieblum (Föhr) ist dieselbe Hoffnung in ein anderes Bild gefasst: „Wir blühen auf, um zu verwelken; um schöner aufzublühn, verwelken wir."

Hans Kessler, Evolution und Schöpfung in neuer Sicht, Kevelaer 2009, 180-185 (Auszug)

****

„Für Christen ist der Tod radikal. Nicht nur Arme, Beine, Rumpf und Kopf sterben. Der ganze irdische Mensch verfällt dem Tode. Der Mensch kehrt zur Erde zurück wie ein Herbstblatt, wie ein Tier. Sterben ist auch für Christen ein Geheimnis, doch der Tod gehört für sie nicht zum Menschen. Zentrale christliche Botschaft war von Anfang an das erlösende Handeln Gottes und die Überwindung des Todes in der Auferstehung Jesu. «Ich verkündige euch Christus, den Gekreuzigten und Auferstandenen», so der Apostel Paulus. Dieser Glaube an die Auferstehung ist das Herzstück der biblischen Botschaft. Kein Mensch, der an diese frohe Botschaft glaubt, kann mehr sagen: Vom Tode ist noch keiner zurückgekehrt. Christen glauben, dass Jesus sich nach seinem Tode lebend gezeigt hat. Mitten in dem Mysterium der Zerstörung, dem Tod, trat Gott machtvoll auf den Plan. Christen hoffen und vertrauen darauf, dass am Ende des eigenen Lebens das Leben mit Gott und das Heil Gottes stehen: «Und Gott wird abwischen alle Tränen von ihren Augen, und der Tod wird nicht mehr sein noch Leid, noch Geschrei, noch Schmerz wird mehr sein, denn das Erste ist vergangen. Und der auf dem Thron saß, sprach: Siehe, ich mache alles neu.» (Offb 21,4–5). Die Heilungsgeschichten der Evangelien bezeugen:

«Blinde sehen und Lahme gehen; Aussätzige werden rein und Taube hören; Tote stehen auf und den Armen wird das Evangelium verkündet.» (Mt 11,5) Darauf baut die Hoffnung, dass Krankheit und Leid schon überwunden sind und das Reich Gottes begonnen hat."

Ernst Engelke: Die Wahrheit über das Sterben, Rowohlt, Reinbek 2015, 124ff

****

„Wir Menschen sind wie Schaumkronen auf einem großen und tiefen Ozean. Diese stehen sich gegenüber und stellen fest, dass sie voneinander getrennt sind und sich voneinander unterscheiden. Sie übersehen aber, dass unter ihnen der Ozean ist. Dieser trägt sie und verbindet sie. Eines Tages versinken die Schaumkronen im Ozean, von dem sie ausgegangen sind. Wir Menschen sind Individuen. Wir werden getragen von dem, von dem wir ausgegangen sind: von unserem gemeinsamen Ursprung. Beim Tode wird unser Leib zerfallen. Aber unser Geist geht zurück zu seinem Ursprung. Denn Geist ist unsterblich und unteilbar. Er verbindet sich wieder mit jenem Geist, von dem er ausgegangen ist." (Hans-Peter Dürr, Physiker)

aus: Erwin Neu, Staunen ist der Anfang der Weisheit, Kösel, München 2000, 145

****

Altes Testament / Psalm 90,10-12:
„Unser Leben währt siebzig Jahre, und wenn es hochkommt, sind es achtzig. Das Beste daran ist nur Mühsal und Beschwer, rasch geht es vorbei, wir fliegen dahin.
Wer kennt die Gewalt deines Zornes und fürchtet sich vor deinem Grimm? Unsere Tage zu zählen, lehre uns! Dann gewinnen wir ein weises Herz."

****

8

Entscheidungen am Geländer

Bei einem unserer letzten Gespräche kamen wir auf die Moral zu sprechen und du meintest, wir sollten darauf nochmal eigens zurückkommen. An mehreren Stellen haben wir darüber geredet, dass es gerade auch im Bereich des Glaubens von entscheidender Bedeutung ist, wie die Lebenspraxis eines Menschen aussieht. Ich erinnere mich an die Forderungen von Jesus in seinen Gleichnissen und ebenso an den Gedanken einer rückblickenden Lebensbilanz nach dem Tod.

Wie sieht denn ein Leben unter christlicher Perspektive im Idealfall aus?

Natürlich weiß ich, dass dabei Stichworte wie „Nächstenliebe" oder „Zehn Gebote" eine bedeutsame Rolle spielen. Aber trotzdem bleibt das für mich etwas nebulös. Was heißt das im Alltag konkret?

Ich denke, es gibt so viele verzwickte Situationen im Leben, in denen ich nicht so eindeutig weiß, was jetzt gut und richtig ist. Wahrscheinlich weiß auch ein gläubiger Mensch nicht immer, wie er nun im Sinne seiner Religion zu handeln hätte. Und was ist, wenn meine Auffassung zu einem Problem nicht mit den moralischen Überzeugungen meiner Religionsgemeinschaft übereinstimmt?

Das sind jetzt mehrere Fragen auf einmal. Lass uns mal schrittweise vorgehen. Ich gebe dir völlig Recht, dass das Leben manchmal verflixt kompliziert sein kann und nach Entscheidungen verlangt, über deren Richtigkeit in diesem Moment leider überhaupt keine Klarheit herrscht.

Das kann sehr belastend sein, weil nicht genügend Zeit zum Nachdenken bleibt oder keine der möglichen Alternativen wirklich die „richtige" zu sein scheint. Zwischen richtig und falsch liegt gelegentlich eine ausgedehnte Grauzone.

Du fragst, wie ein „christliches Leben" denn faktisch aussieht. Darauf kann ich nur antworten: Ich weiß es nicht! Das lässt sich meines Erachtens auch nicht so genau beschreiben, und zwar aus zwei Gründen. Erstens bedeutet Christsein, sich mit seinem Denken, Wollen und Handeln immer wieder am Beispiel von Jesus zu orientieren. Das ist aber lediglich der große rote Faden, der mir für viele Einzelfälle noch keine exakten Handlungsanweisungen bereitstellt. Was „Nächstenliebe" jeweils bedeuten kann, was sie von mir fordert, liegt nicht immer klar auf der Hand.

Jesus würde vielleicht sagen: „Denke nach und (!) höre auf dein Herz. Was ist für den Anderen gut? Was ist für dich gut? Was ist für die Gemeinschaft gut?"

Der zweite Grund, warum sich die Christlichkeit nicht auf eine klare und einheitliche Formal bringen lässt, ist das Beurteilen selber. Wem steht darüber das letzte Urteil zu, ob jemand ein guter Christ, oder generell ein guter Mensch war? Wir haben schon darüber gesprochen, dass menschliche Maßstäbe sehr subjektiv und relativ sind, gerade wenn sie vorgeben, aus der Perspektive Gottes zu werten und zu urteilen. Darum ist auch hier Zurückhaltung geboten. Nur Gott soll das Recht haben, über einen Menschen das letztgültige Urteil zu sprechen, weil nur er die tiefsten Nöte und Beweggründe eines Menschenherzens kennt.

Gut, aber sich des Urteils über das Verhalten eines anderen zu enthalten ist schon eine Überforderung. Wir werten doch pausenlos, über uns und andere. Das scheint mir auch normal und nötig zu sein, denn ohne eine moralische Bewertung funktioniert doch kein Miteinander.

Ich sprach auch erstmal aus der Sicht des Glaubens, die zur Vorsicht mahnt beim Urteilen – vor allem über fremdes Verhalten. Und über die Bilanz eines ganzen Lebens erst recht.
Die entscheidende Frage scheint mir aber zu sein: Woher nehmen wir unsere moralischen Orientierungen? Wie begründen wir „richtig" und „falsch", „gut" oder „böse"? –

Ganz direkt gefragt: Woher weißt du, was richtig oder falsch ist?

Da habe ich sicher ganz viel von meinen Eltern beigebracht bekommen. Das sind hautsächlich überlieferte Normen über das, was gesellschaftlich als „anständig" oder „unanständig" gilt. Da bilden die Kultur und eine allgemeine Religiosität das tragende Gerüst. - Ansonsten basieren meine Entscheidungen meistens auf einer Mischung aus Denken und Fühlen.

Die familiäre und schulische Erziehung liefern wohl immer den Großteil der vorherrschenden Moral, was aber die Frage nach dem Woher nur verschiebt. Woher bezogen deine Eltern, deren Eltern usw. das, was sie als richtig und wertvoll erachteten, um es an die Kinder weiterzugeben?
Schon der vergleichende Rückblick über mehrere Generationen offenbart eine gewisse Relativität gesellschaftlich geförderter Normen und Werte.

Was etwa für deine Urgroßmutter damals als „schicklich" oder „inakzeptabel" angesehen wurde, damit wird sich heute deine Frau nicht mehr einverstanden erklären. Und die Tugenden und Wertvorstellungen, die euer Sohn während der Nazizeit erlernt und verinnerlicht hätte, dürften sich deutlich von dem unterscheiden, was er heute durch seine Eltern fürs Leben lernt.

Die jeweilige Moral ist also ein Kind ihrer Zeit. Der Wandel betrifft aber mehr die geltenden Normen für das alltägliche Benehmen. Die grundsätzlichen Werte ändern sich doch nicht. Also jemanden zu bestehlen oder zu töten galt doch damals wie heute.

Natürlich. In diesen Werten drückt sich ein uraltes Menschheitswissen aus über die absolut unverzichtbaren Spielregeln für das Leben in Gemeinschaft. Sie haben ihre ältesten Wurzeln in der Zeit der Sesshaftwerdung unserer Vorfahren, als aus Nomaden schrittweise Dorf- und Stadtbewohner wurden. Die neue Situation erzwang neue Übereinkünfte, die für alle verpflichtend wurden.

So wurde beispielsweise das Eigentum von Haus, Vieh und Land geschützt, weil es nun in der Gemeinschaft ein unterschiedlich großes Vermögen gab, das zu Konflikten führte.

Mit der Erfindung der Schrift wurden die entwickelten Gesetze schließlich für ein ganzes Reich zur hoheitlichen Grundlage des Zusammenlebens erklärt, erlassen vom König und durchgesetzt von seinen Soldaten. –

War dir eigentlich bewusst, dass du soeben schon zwei der biblischen Gebote zitiert hast?

Du meinst das Verbot von Stehlen und Töten? Das war mir nicht so klar, aber wo du es jetzt sagst, erinnere ich mich dunkel, dass das auch in den sogenannten Zehn Geboten steht.

Du weißt, ich bin nicht so bibelfest. Sind diese Gebote dort nicht von Gott verordnet worden? Damit bekämen diese Regeln ein ganz anderes Gewicht.

Erstmal: Die Zehn Gebote sind von Menschen verfasst und beinhalten viele der schon lange überlieferten Gemeinschaftsregeln. Die biblischen Autoren haben sie aber bewusst der Autorität Gottes zugesprochen, weil diese Ge- und Verbote fundamentale Werte des Einzelnen und des Volkes unterstreichen und schützen. Sie fördern das individuelle und soziale Wohlergehen, sie sichern Frieden und Freiheit. Darum konnten sie gar nicht anders als im Sinne Gottes sein.

Wieso sind sie ein Garant für Freiheit, wenn es jedes Mal heißt „Du sollst" oder „Du sollst nicht"? Das klingt doch eher nach vielerlei Einschränkungen der Freiheit.

Scheinbar, da diese Formulierungen in unseren Ohren einen mehr negativen Geschmack haben, nach Diktat und Verbot. Die deutsche Übersetzung ist hier vielleicht nicht sehr glücklich. Im Original wird sinngemäß davon gesprochen, dass du dieses oder jenes tun bzw. unterlassen wirst, wenn es dir ernst ist mit deinem

Glauben an Gott, der das Wohl aller Menschen will. Dann wirst du bestimmte Dinge nicht mehr tun.

Ich möchte es ganz vorsichtig mit dem Eheversprechen vergleichen. Wenn du deiner Frau vor allen Anwesenden gelobst, „in guten wie in schlechten Tagen" zu ihr zu halten und ihr treu zu sein, dann sind für dich ab jetzt manche Taten absolut tabu. Du wirst es sogar gerne und aus Überzeugung, eben aus Liebe tun, nicht, weil dich jemand dazu nötigt.

Dann sind sie vielmehr wie eine Selbstverpflichtung im Kontext des Glaubens, so wie das Brautpaar auch freiwillig diese Bindung wählt und eine Verpflichtung eingeht. Man gewinnt ja auch Freiheiten dabei.

Die Szene mit der Übergabe der Tafeln mit den Zehn Geboten ist eingebettet in die große Erzählung vom „Exodus", der Befreiung der Israeliten aus der ägyptischen Knechtschaft und der langen Wanderung ins „Gelobte Land". Die Bibel deutet diesen Weg von der Unterdrückung in die Freiheit als das Werk Gottes, der mit den Zehn Geboten nun erreichen möchte, dass die für das Volk Israel frisch gewonnene Freiheit auf alle Zeit erhalten bleibt. – Wie gesagt, eine deutende Erzählung, die weniger an historischer Korrektheit interessiert ist als an der Grundlegung der großen Idee der Freiheit jedes Menschen im Angesicht Gottes.

179

Das Exodus-Thema ist quasi der „Gründungs-
mythos" der Israeliten und wird auch nach Jahr-
tausenden von den heutigen Juden jährlich beim
Pessach-Fest in Erinnerung gerufen.
Darin eingeschlossen bleibt auch die menschliche
Einsicht, dass es so etwas wie eine schrankenlose
Freiheit niemals gibt. Wer unter Freiheit versteht, dass
er tun und lassen könne, was er will, der hat nichts
verstanden.

Die freie Entfaltung des Einzelnen ist immer auf einen
sichernden Rahmen angewiesen, innerhalb dessen die
Freiheit erst möglich wird. Zum Beispiel können wir uns
als Verkehrsteilnehmer erst dadurch einigermaßen
sicher fühlen, weil die Straßenverkehrsordnung jedem
Einzelnen zahlreiche Beschränkungen auferlegt. Sie zu
akzeptieren und einzuhalten ist für alle von Vorteil.

Wenn in diese sozialen Regeln aber die Gemeinschafts-
erfahrungen vieler Generationen eingeflossen sind, dann
braucht es zur Einsicht in deren Sinnhaftigkeit doch gar keinen
Glauben, weil sie für jede Gruppe notwendig sind.

Das stimmt. Wie gesagt, diese Gebote werden von der
Bibel als so grundlegend für das Gedeihen des
Miteinanders betrachtet, dass der Dekalog (das
„Zehnwort", das ist die ursprüngliche Bezeichnung)
direkt als „Wille Gottes" interpretiert werden.

Was die sozialen Vorschriften des Dekalogs betrifft, so basieren sie auf vernünftiger Einsicht und beanspruchen ihre universale Gültigkeit auch in einer „ungläubigen" Gesellschaft.

Überhaupt ist es ein verbreitetes Missverständnis, dass die Religion für das Aufrechterhalten der Moral notwendig wäre. Jede Moral basiert letztlich auf einer rationalen Plausibilität, die ihre mehrheitliche Akzeptanz erst ermöglicht und zu einer fest verankerten Tradition werden lässt. Ein religiöser Überbau, wie im Fall der Bibel, dient dann mit seiner „göttlichen Begründung" lediglich der stärkeren Motivation zur ernsthaften Befolgung. Auch ein Atheist kann ein sehr moralischer Mensch sein.

So wichtig und richtig diese biblischen Gebote auch sein mögen, sie erfassen aber doch nicht alle problematischen Lebenssituationen. Wir stehen heute vor ganz anderen Herausforderungen als die Menschen zu biblischen Zeiten. Wie weit können sie also auch für die Gegenwart noch gültig sein?

Das ist, wie bei allen schriftlichen Überlieferungen, eine Sache der Interpretation. Jedes Zeitalter liest diese Regeln unweigerlich auf dem Hintergrund der jeweiligen gesellschaftlichen Realität.

So war mit dem Tötungsverbot ursprünglich nur das ungesetzliche Töten von Angehörigen des eigenen Volkes gemeint. Der Krieg gegen andere Völker als auch die Todesstrafe waren mit diesem Gebot überhaupt nicht ausgeschlossen.

Auch der Satz „Ehre deinen Vater und deine Mutter" ist keine Aufforderung an die Kinder, den Eltern keine Schande zu bereiten. Sondern er richtet sich an die erwachsenen Israeliten, sich um die Alten zu kümmern, ihnen einen würdigen Lebensabend zu garantieren. Das war im Alten Orient nicht selbstverständlich.

Bei allen Geboten ist zu fragen, was damals der Hintergrund für eine solche Regelung war, um welche Werte es also geht. Danach kann man eine Brücke in die Gegenwart bauen und diese alten Sätze mit vergleichbaren Problemstellungen verknüpfen. – Der Dekalog ist wie ein Geländer, das an schwierigen Stellen Halt und Orientierung bietet. Was ein Gebot im konkreten Fall bedeutet und fordert, dazu benötigt es immer noch einen denkenden Kopf und ein mitfühlendes Herz.

Hast du dafür mal ein Beispiel?

Okay. Bleiben wir beim Tötungsverbot. Im Gegensatz zur damaligen Absicht haben spätere Generationen die Gültigkeit des Gebotes ausgeweitet, also auch auf die Todesstrafe und den Krieg bezogen. Das tiefere Verstehen der Absicht führte zum generellen Verbot der Vernichtung menschlichen Leben. Nicht nur der Mord, auch die unabsichtliche oder fahrlässige Tötung wurde nun als inakzeptabel betrachtet.

Alles Lebendige ist vielfach bedroht und soll geschützt werden. Manche Stimmen möchten heute daher auch das Töten von Tieren hier miteinschließen.
Du siehst, wie sich die moralische Diskussion von selber aufdrängt.
Zwei andere Streitfragen nehmen in unseren Tagen ebenfalls Bezug zum biblischen Gebot, nämlich die Auseinandersetzung um die Abtreibung und die Sterbehilfe. Denn ob am Anfang oder am Ende des Lebens geht es zentral um die Frage nach dem Recht, über das Leben oder Sterben eines anderen Menschen entscheiden zu dürfen. Das sind hoch strittige Angelegenheiten, bei denen es nicht leicht ist, eine verantwortliche Entscheidung zu treffen. Aber die Situationen sind da und verlangen eine vertretbare „Lösung". Nach welchen Kriterien soll dabei eine Regelung getroffen werden? Wo liegen hierbei die Grenzen, die nicht überschritten werden dürfen? usw.

Da möchte ich kein abschließendes Urteil fällen müssen. Aber ich sehe ein, dass man eventuell schneller in eine solche Situation geraten kann als einem lieb ist.

Dann wird es nochmal schwieriger, aufgrund der eigenen Betroffenheit eine vernünftige Abwägung von Argumenten vorzunehmen.

Du sprichst einen wichtigen Punkt an, der zur Orientierung an einer moralischen Richtschnur wie dem Dekalog noch hinzukommt. Ich meine die Basis deines jeweiligen Urteils: dein Gewissen.

Es hat einen guten Grund, warum in unserer liberalen Verfassung die Gewissensfreiheit als eines der unantastbaren Grundrechte verankert ist. Die Autorität des Gewissens ist ein kaum zu überschätzender Wert für eine freiheitliche Gesellschaft, in der die Individualität des Menschen gewährleistet sein soll.

Das ist ein geläufiger Begriff, den ich aber spontan nicht angemessen zu beschreiben wüsste. Was bedeutet er denn in diesem Zusammenhang?

Wie erfährst du praktisch dein Gewissen?

Indem ich ein schlechtes Gefühl habe, meistens nachdem ich etwas getan oder gesagt habe. Dieses Gefühl ist dann wie ein nagender Zweifel, ob es wirklich richtig war.

Daher benutzt man gerne die Metapher von der „inneren Stimme", die dein Handeln eigenständig bewertet. Das kann vorher, während oder nach einer Tat sein. So erfahren es jedenfalls die meisten von uns.

Und welche Erklärung gibt es dafür? Ist das nicht nur eine unterbewusste Regung, also rein psychologisch?

Die Psychologie hilft uns zwar beim Verstehen, liefert aber keine umfassende Erklärung. Einen großen Anteil bilden immer die seit Kindertagen erlernten und verinnerlichten Normen. Freud sprach dabei vom „Über-Ich" als einer inneren Kontrollinstanz. Aber das Gewissen allein mit dem Erlernten und Übernommenen gleichzusetzen reicht nicht aus. Ich will jetzt gar nicht die einzelnen Deutungsmodelle zitieren. Wichtig ist die Feststellung, dass in jedem Menschen wohl eine Anlage für diese innere Instanz angenommen werden darf, die jedoch bei uns allen unterschiedlich ausgeprägt ist.

Sie ist aber unstrittig ein Wesensmerkmal des Menschen, da wir evolutionsbedingt nicht mehr hauptsächlich durch Instinkte gesteuert sind, sondern eigenständig überlegen können was wir tun. Das Gewissen ist, so könnte man sagen, eine Forderung, die wir an uns selber stellen. In gewisser Weise eine Art „Organ" für richtig und falsch.

Es leitet dazu an, nicht nur deine eigenen Bedürfnisse und Interessen im Blick zu haben, also den egoistischen Impulsen nicht das Feld zu überlassen. Und es konfrontiert dich auf diesem Wege mit dir selbst, zeigt dir, dass du schließlich als der „Täter" auch die Verantwortung für dein Tun und Lassen zu tragen hast. Da gibt es keine Ausrede mehr über den Schuldigen. Mein Handeln kann ich nicht mit der genetischen Veranlagung, der Erziehung, einem Befehl oder dem schlechten Beispiel anderer rechtfertigen. Ich habe es getan und ich trage die Verantwortung!

Das sehe ich auch so, trotzdem hört sich das sehr idealistisch an. Viele Menschen scheinen gar keine Gewissensbisse zu kennen, wenn sie etwa einen Ladendiebstahl begehen, den Ehepartner betrügen, das Finanzamt belügen oder gar jemandem das Leben nehmen. Ich denke gerade an Terroristen und Selbstmordattentäter, die ihre mörderischen Taten offenbar mit voller Überzeugung, also einem „guten Gewissen", vollbringen. Wie kann das sein?

Deswegen sagte ich, dass die Anlage des Gewissens bei jedem Menschen unterschiedlich entfaltet ist. Wer andere hemmungslos schädigt, hat nicht kapiert, dass es jenseits seiner privaten Einschätzung von richtig und falsch auch einen objektiven Bereich guten und schlechten Handelns gibt!

Mord, Betrug, Diebstahl, Folter usw. können niemals mit irgendwelchen „guten" Motiven gerechtfertigt werden. Sie sind immer und unter allen Umständen schlecht. Das muss unter allen vernünftig denkenden Menschen indiskutabler Konsens sein. Wer dagegen verstößt zeigt nur, dass sein Gewissen leider nur einen sehr begrenzten Horizont kennt. Der Selbstmordattentäter, der sich mit einer für ihn „stimmigen" religiösen Überzeugung mitten in einer Gruppe von „Feinden" oder „Ungläubigen" in die Luft sprengt, ist objektiv im Irrtum über die moralische Qualität seines Tuns. - Sich auf sein Gewissen zu berufen, kann auch zu einer bequemen Ausrede werden.

Das Gemeinte wird aber deutlicher, wenn wir uns beispielsweise auf berühmte Fälle echter Gewissensentscheidungen beziehen.
Kennst du einen entsprechenden Fall?

Keinen berühmten Fall, aber einen in meiner Familie. Mein älterer Bruder hat damals den Wehrdienst verweigert und musste von einer Kommission sein Gewissen „prüfen" lassen. Das fand ich schon seltsam. Er wollte sich auf keinen Fall bei der Armee fürs Töten ausbilden lassen, um irgendwann auf andere Menschen schießen zu müssen. Seine Begründung drehte sich auch um den religiösen Pazifismus. Er wurde anerkannt und leistete zivilen Ersatzdienst. Das hat mich ziemlich beeindruckt.

Es ist sogar ein sehr gutes Beispiel dafür, dass einen das Gewissen nicht loslässt, man dafür kämpft und gegebenenfalls auch Nachteile in Kauf nimmt. Aber man ist dann „mit seinem Gewissen im Reinen".

Ein prominenter Fall ist etwa Martin Luther King, der amerikanische Bürgerrechtler, der für die Gleichbehandlung von Weißen und Farbigen eintrat. Er übertrat bewusst die diskriminierenden Gesetze, die den farbigen US-Bürgern wichtige Grundrechte verweigerten. Er bezahlte gerne den Preis wiederholter Verhaftungen, weil sein Gewissen ihm sagte, dass der Staat mit diesen Gesetzen im Unrecht war und er als Christ diesen menschenunwürdigen Regeln nicht folgen dürfe.

Bekanntlich hatte seine Bürgerrechtsbewegung letztlich gewonnen. Die Gesetze wurden geändert, er selbst fiel jedoch einem Anschlag zum Opfer.

Auch sein Namenspatron, der Reformator Martin Luther, stellte sich im sechzehnten Jahrhundert beim Reichstag in Worms als Angeklagter hin und erklärte, er könne nichts widerrufen, da sein Gewissen ihm verbiete, die Aussagen der Bibel zu leugnen, sofern sie mit der Lehre der Kirche nicht übereinstimmen. Die Folgen sind bekannte Geschichte.

Wieso konnte man in diesen Fällen nicht von einer irrigen Sichtweise eines Einzelnen sprechen?

Weil diese Fälle belegen, dass eine Gewissens-entscheidung mit Sachwissen zu tun hat, mit reiflichem Nachdenken und mit Kommunikation. Die eigene Auffassung mit der Sicht anderer zu vergleichen, sich mit deren gegenteiligen Argumenten ernsthaft zu beschäftigen, das macht ein reifes Gewissen aus.

Entscheidend ist der inhaltliche Bezugsrahmen des Gewissens, woran man sich mit seinen Wertvor-stellungen orientiert, was man unbedingt für richtig und wichtig hält, weil es für alle Menschen förderlich ist. – Damit sind wir wieder bei Freiheit, Menschenrechten und dem Dekalog angekommen.

Die Zehn Gebote sind jedoch nicht das letzte Wort in Sachen christlicher Moral. Das Alte Testament behält zwar seine Gültigkeit, doch im Neuen Testament setzt Jesus noch einen drauf.

Ich erinnere mich an seine prozierenden Gleichnisse. Sind denn für Jesus die Gebote im Alten Testament nicht mehr die universelle Richtschnur?

Im Gegenteil. Er möchte die überlieferten Regeln keineswegs abschaffen oder relativieren. Sein Anliegen ist ein geschärfter Blick, eine sensiblere Lesart der Tradition. Die formale Befolgung der Zehn Gebote sowie der anderen Vorschriften in der Torah (= den fünf Büchern Mose) reicht für ihn nicht aus.

189

Er kritisiert den Umgang damit als einer erstarrten Ordnungsmoral, wo vorrangig auf den Buchstaben des Gesetzes geachtet wird.

Gott wolle aber mehr als einen solchen äußerlichen Formalismus. Daher setzt Jesus in der Bergpredigt einigen dieser alten Sätze bewusst einen anderen Akzent entgegen.

Ich zitiere wieder auszugsweise:

„Denn ich sage euch: Wenn es mit eurer Gerechtigkeit nicht weit besser bestellt ist als bei den Schriftgelehrten und Pharisäern, so werdet ihr nimmermehr ins Himmelreich eingehen!«

»Ihr habt gehört, dass den Alten (= Vorfahren) geboten worden ist: ›Du sollst nicht töten‹, wer aber tötet, soll dem Gericht verfallen sein. Ich dagegen sage euch: Wer seinem Bruder auch nur zürnt, der soll dem Gericht verfallen sein... (...)

Ihr habt gehört, dass (den Alten) geboten worden ist: ›Du sollst nicht ehebrechen!‹ Ich dagegen sage euch: Wer eine Ehefrau auch nur mit Begehrlichkeit anblickt, hat damit schon in seinem Herzen Ehebruch an ihr begangen. (...) Ihr habt weiter gehört, dass den Alten geboten worden ist: ›Du sollst nicht falsch schwören‹, ›sollst aber dem Herrn deine Eide erfüllen!‹ Ich dagegen sage euch: Ihr sollt überhaupt nicht schwören... (...)

Eure Rede sei vielmehr ›ja ja – nein nein‹; jeder weitere Zusatz ist vom Übel (oder: stammt vom Bösen)."
(Matthäus, Kapitel 5; Übersetzung: Hermann Menge)

Seine Radikalisierung ist nicht zu überhören. Er verknüpft das Töten mit dem Zorn, den Ehebruch mit dem Begehren und lehnt das Schwören grundsätzlich ab. Was will er damit erreichen?

Er verschiebt die Wahrnehmung der moralischen Forderung. Nicht allein das sprachliche Verbot ist für ihn wichtig, sondern mindestens ebenso die innere Haltung des Menschen, seine Gefühle und Empfindungen, sein „Herz". Beim Thema Ehebruch wird der Kontrast überdeutlich klar: Es reicht nicht, deiner Frau rein formal die Treue zu halten, indem du faktisch mit keiner anderen Frau ins Bett gehst – aber gleichzeitig anderen Frauen lüstern hinterherschaust.

Für Jesus beginnt der eigentliche Ehebruch schon in deinem Herzen, bei deiner „untreuen" Phantasie. Bei dieser Wurzel soll das Übel angepackt werden. - Es gibt dazu auch eine sehr treffende Redensart:

„Achte auf Deine Gedanken, denn sie werden zu Worten. Achte auf Deine Worte, denn sie werden zu Handlungen. Achte auf Deine Handlungen, denn sie werden zu Gewohnheiten. Achte auf Deine Gewohnheiten, denn sie werden Dein Charakter. Achte auf Deinen Charakter, denn er wird Dein Schicksal."

Damit erklärt sich auch seine Betonung des Zorns als eine mögliche Vorstufe zum Mord.

Beim Schwören geht es um das unausgesprochene Misstrauen gegenüber der Sprache. Wer der Aussage eines anderen nicht vertraut, will durch den Eid eine Sicherheitsgarantie für die Wahrheit, aber wiederum mit Worten. Das beschädigt sowohl die Sprache als auch ein vertrauensbereites Miteinander.

Im Grunde fordert Jesus drei maßgebende Regeln für dein Urteilen und Entscheiden. Erstens: Achte auf den Andern. Zweitens: Achte auf dein Denken und Fühlen. Drittens: Achte auf die Situation. Dann bist du auf dem richtigen Weg. Die Urteilsfindung wird dadurch zwar schwieriger, aber auch ehrlicher.

Jesus steht damit in guter alttestamentlicher Tradition, denn in Psalm 139, 23f heißt es: „Erforsche mich, Gott, und erkenne mein Herz, prüfe mich und erkenne meine Gedanken! Und sieh, ob ich wandle auf trüglichem Wege, und leite mich auf dem ewigen Wege!"

Und im Buch der Sprüche (4,23) ist als Rat zu lesen: „Mehr als alles, was man zu bewachen hat, behüte dein Herz; denn von ihm hängt das Leben ab."

Das ist für mich eine völlig ungewohnte Perspektive, dass Jesus von seinen Jüngern zur verantwortlichen Lebensgestaltung also ein hohes Maß an Sensibilität und Selbsterkenntnis verlangt.

Er macht nur schnörkellos ernst mit dem biblischen Glauben, dass jeder Mensch ein Ebenbild Gottes ist, etwas Göttliches in jedem verborgen ist. Zum anderen, dass Gott mit seiner Zuwendung dem Menschen ganz nah ist. Jeder möge die Liebe und Barmherzigkeit Gottes den anderen Geschöpfen genauso entgegenbringen.

So erlebte er aber die Gesellschaft seiner Zeit nicht, obwohl viele in dem Glauben lebten, die Gebote Gottes korrekt verstanden zu haben und zu praktizieren, wenn sie sich von Sündern und Ungläubigen distanzierten, sie sogar verachteten.

Wir sprachen schon bei den Gleichnissen davon.

Seine verschärfende Konfrontation geht aber noch weiter. Ich zitiere noch aus dem gleichen Abschnitt:

„Ihr habt gehört, dass (den Alten) geboten worden ist: ›Auge um (= gegen) Auge und Zahn um (= gegen) Zahn!‹ Ich dagegen sage euch: Ihr sollt dem Bösen (= der Bosheit) keinen Widerstand leisten; sondern wer dich auf die rechte Wange schlägt, dem halte auch die andere hin… (…)

Ihr habt gehört, dass (den Alten) geboten worden ist: ›Du sollst deinen Nächsten lieben, und deinen Feind hassen!‹ Ich dagegen sage euch: Liebet eure Feinde und betet für eure Verfolger, damit ihr euch als Söhne (bzw. Kinder) eures himmlischen Vaters erweist. Denn er lässt seine Sonne über Böse und Gute aufgehen und lässt regnen auf Gerechte und Ungerechte.
Denn wenn ihr (nur) die liebt, die euch lieben, welches Verdienst habt ihr da (oder: welchen Lohn habt ihr dafür zu erwarten)? Tun das nicht auch die Zöllner?"
(Matthäus, Kapitel 5; Übersetzung: Hermann Menge)

Wenn ich unter den damaligen Zuhörern gewesen wäre, hätte ich ihn wohl gefragt, ob er das ernst meint. Mich verprügeln lassen, nicht zurückschlagen dürfen, sondern auch die andere Wange hinhalten!? Und den Feind lieben? Das klingt nicht nur weltfern…

Das verstehe ich. Das soll es aber auch sein: Die Rede von einer Welt, die anders ist als die, die wir tagtäglich erleben müssen. Dagegen setzt er das Bild von der „Gottesherrschaft", in der andere Spielregeln herrschen als Gewalt, Machtstreben, Ausbeutung, Unterdrückung, Rache und Gewinnmaximierung.

Wir sollen die gewohnten, aber unmenschlichen Rollen- und Reaktionsmuster verlassen. Im Konfliktfall einmal nicht gleich zurückschlagen, was den Angreifer vermutlich schon stutzig und unsicher machen wird, weil sein übliches Erwartungsmuster damit durchbrochen wird.

Das hat nichts zu tun mit Feigheit. Wer angegriffen wird, darf sich wehren. Jesus will keine Kapitulation vor der Gewalt. Er will sogar den Widerstand, aber gewaltfrei. Denn jede Gegengewalt verhindert ein Ende der Gewaltspirale. Erst die Unterbrechung dieses fatalen Musters bietet die Chance zu einer friedlicheren Zukunft. Auch die Verabschiedung von Feindbildern ist ein notwendiger Schritt. Der „Feind" (damals jeder römische Soldat) ist ein Mensch wie du, also behandele ihn entsprechend. Versuche es wenigstens, begegnet euch als Menschen und vergesst die dumme Idee der Feindschaft. –

Ein beeindruckendes Beispiel für diesen „anderen Weg" war der gewaltfreie Widerstand von Mahatma Gandhi gegen die britische Kolonialmacht in Indien.

Nach seinen eigenen Worten war er stark von der Bergpredigt inspiriert. Auch die friedliche „Revolution" der DDR-Bürger im Herbst 1989 hat gezeigt, dass man ein diktatorisches Regime auch anders besiegen kann als mit Panzern und Gewehren. Das verlangt allemal Mut und innere Stärke!

Nochmals: Auch bei diesen höchst verwirrenden Forderungen Jesu dürfen wir nicht am Buchstaben kleben bleiben. Der sich darin ausdrückende „Geist" ist das, was uns berühren und motivieren will. Auch kleine Schritte in diese Richtung sind besser, als ängstlich und mutlos den verkehrten Weg beizubehalten.

Wenn ich bis hierhin richtig verstanden habe, erhält das Gewissen doch die entscheidende Schlüsselstellung, obwohl es hier doch um ein Handeln aus Glauben geht.

Ja, natürlich. Für Jesus sind nämlich Gottesliebe und Menschenliebe nicht voneinander zu trennen. Wer vorgibt, Gott zu lieben und seinem Willen gemäß zu leben, der darf gegenüber den Sorgen und Nöten seines Nächsten sind gleichgültig sein. Und der „Nächste" ist jeder.
Die ganze Christlichkeit liegt also in dem ernsthaften Bemühen, so zu handeln, wie die Evangelien es uns von Jesus erzählen.

Als hilfreiche Faustregel für den Alltag formuliert Jesus noch die „Goldene Regel", ein ethischer Grundsatz, den man auch in anderen Kulturen und Religionen kennt: »Alles nun, was ihr von den Menschen (= von anderen) erwartet, das erweist auch ihr ihnen ebenso; denn darin besteht (die Erfüllung) des Gesetzes und der Propheten. (Matthäus 7,12)

Ein Christ hat für seine Gewissensorientierung einen reichen Fundus an biblischen Weisheiten, er kann sich auch auf eine lange und vielfältige theologische Tradition des Nachdenkens über den Glauben und eine verantwortliche Gestaltung des Lebens. Es wäre fahrlässig, diese Erkenntnisquellen ungenutzt zu lassen.

Anhang 1: Die Zehn Gebote der Bibel

Exodus 20,1-17 (gekürzt)

Hierauf redete Gott alle diese Worte und sprach:
»Ich bin der HERR, dein Gott, der dich aus dem Land Ägypten hinausgeführt hat, aus dem Diensthause.
Du sollst keine anderen Götter haben neben mir!
Du sollst dir kein Gottesbild anfertigen noch irgendein Abbild weder von dem, was oben im Himmel, noch von dem, was unten auf der Erde, noch von dem, was im Wasser unterhalb der Erde ist!
Du sollst dich vor ihnen nicht niederwerfen und ihnen nicht dienen! (...)
Du sollst den Namen des HERRN, deines Gottes, nicht missbrauchen! (...)
Gedenke des Sabbattages, dass du ihn heilig hältst!
Sechs Tage sollst du arbeiten und alle deine Geschäfte verrichten! Aber der siebte Tag ist ein Feiertag zu Ehren des HERRN, deines Gottes: da darfst du keinerlei Geschäft verrichten, weder du selbst noch dein Sohn oder deine Tochter, weder dein Knecht, noch deine Magd, noch dein Vieh, noch der Fremdling, der bei dir in deinen Ortschaften weilt!
Denn in sechs Tagen hat der HERR den Himmel und die Erde geschaffen, das Meer und alles, was in ihnen ist; aber am siebten Tage hat er geruht; darum hat der HERR den Sabbattag gesegnet und ihn für heilig erklärt.
Ehre deinen Vater und deine Mutter, damit du lange lebst in dem Lande, das der HERR, dein Gott, dir geben wird!
Du sollst nicht töten!
Du sollst nicht ehebrechen!
Du sollst nicht stehlen!
Du sollst kein falsches Zeugnis ablegen gegen deinen Nächsten!
Du sollst nicht begehren deines Nächsten Haus! Du sollst nicht begehren deines Nächsten Weib, noch seinen Knecht, noch seine Magd, noch sein Rind, noch seinen Esel, noch irgendetwas, was deinem Nächsten gehört.«
(Übersetzung: Hermann Menge)

Anhang 2: Die >Zehn Gebote< einmal anders

1. Wenn Du das Leben liebst und in seiner Tiefe das Geheimnis spürst, dann hast Du es nicht nötig, etwas Anderes für das Größte zu halten. Vertraue auf diesen geheimnisvollen Gott, dann brauchst Du keine Angst zu haben, vor nichts und niemand. Nur so bleibst Du frei von allen falschen Abhängigkeiten, sei ihr Name Konsum, Wohlstand, Vergnügen, Erfolg, Leistung oder wie auch immer. Du bleibst frei für das Leben.

2. Wenn Du das Leben liebst und in seiner Tiefe das Geheimnis spürst, dann bist Du auch in der Lage, es als Geheimnis zu wahren. Dann hast Du es nicht nötig, fragwürdigen Sicherheiten nachzujagen, weder bei einem Guru, noch einer Partei, noch in der Wissenschaft und auch nicht in der Kirche. Du wirst unterscheiden können zwischen dem, was Dein Leben reicher macht und dem, was Dir Fesseln anlegt. Du wirst nichts Gemachtes für Gott halten, sondern für ihn einen Platz in Deinem Herzen freihalten.

3. Wenn Du das Leben liebst und in seiner Tiefe das Geheimnis spürst, dann wirst Du gelassen bleiben, weil Du Dir der wohlwollenden Nähe Gottes gewiss sein darfst. Dann wirst Du es nicht nötig haben, Deine Lebenskraft allein auf Dich selbst zu konzentrieren, damit Dir kein Gramm Glück verloren geht. Du wirst einsehen und erfahren, dass das Leben ein Geschenk ist und dass Du die wesentlichen Dinge zum Glück immer nur aus anderer Hand empfangen kannst. Du darfst darauf vertrauen, dass Gott Dich nicht vergisst.

4. Wenn Du das Leben liebst und in seiner Tiefe das Geheimnis spürst, dann wirst Du auch Deine Seele nicht vergessen. Du wirst es nicht nötig haben, in den Pflichten und Sorgen oder gar den Vergnügungen des Alltags unterzugehen, statt daran zu denken, dass auch Dein Leben einen Wert und ein Ziel hat. Du wirst bei aller Arbeit und Ablenkung Dich daran erinnern, Deinem Leben eine Richtung zu geben und den Gedanken nicht verlieren: Gott ist mit mir auf dem Weg.

5. Wenn Du das Leben liebst und in seiner Tiefe das Geheimnis spürst, dann wirst Du es wichtig finden, besonders für die da zu sein, die eng mit Deinem Leben verbunden sind: Deine Eltern, Geschwister oder Kinder. Du wirst es nicht nötig haben, Dein Leben gegen das ihre zu stellen in der Meinung, dadurch mehr Freiheit zu erlangen. Du wirst in deinem Herzen spüren, wann sie Dich brauchen. So wie Gott auch als Mutter oder Vater erfahren werden kann, so werden andere Dich erfahren.

6. Wenn Du das Leben liebst und in seiner Tiefe das Geheimnis spürst, dann wirst Du auch wissen, wie sehr alle Menschen am Leben hängen und für deren Leben und Wohlergehen eintreten. Du wirst es nicht nötig haben, Dein Leben dauernd in Konkurrenz und Bedrohung zu sehen. Du wirst von deinen Mitmenschen nicht zuerst das Schlechte erwarten, sondern ihnen ohne Vorurteile begegnen. Dir werden Gemeinschaft, Solidarität und Liebe wichtiger sein als alles, von dem nur Du allein den Nutzen hast.

7. Wenn Du das Leben liebst und in seiner Tiefe das Geheimnis spürst, werden Dir auch die zwischenmenschlichen Bindungen heilig sein. Du wirst es nicht nötig haben, in eine Freundschaft oder Ehe einzudringen des eigenen Vorteils wegen. Die Beziehungen, in denen Du lebst, wirst Du schätzen und fördern, statt sie aus egoistischen Gründen aufs Spiel zu setzen. Niemand ist eine Insel. Das Gelingen des Lebens ist von gelingenden Beziehungen abhängig. Diese Einsicht wird Dein Handeln bestimmen.

8. Wenn Du das Leben liebst und in seiner Tiefe das Geheimnis spürst, dann wirst Du Dich auch dafür einsetzen, dass jeder das Nötige zum Leben hat. Du wirst es nicht nötig haben, auf Kosten anderer zu leben. Du wirst darauf achtgeben, wo andere durch Dich eingeschränkt und in ihrer Freiheit und Würde beeinträchtigt werden. Das geschieht schon beim Einkaufen von Produkten, die verschwenderische Mengen an kostbaren Rohstoffen oder Energie verbrauchen oder durch deren niedrigen Preis Menschen in Armut geraten oder bleiben.

9. Wenn Du das Leben liebst und in seiner Tiefe das Geheimnis spürst, dann wirst Du ein Freund der Wahrhaftigkeit sein und Dich überall für sie stark machen. Du wirst es nicht nötig haben, andere durch die Unwahrheit zu schädigen oder dadurch einen Vorteil anzustreben. Du wirst darum wissen, wie unverzichtbar Ehrlichkeit und Vertrauen sind, ohne die Menschen nicht miteinander leben können.

10. Wenn Du das Leben liebst und in seiner Tiefe das Geheimnis spürst, dann wird Dir jeder Neid auf das Glück anderer Menschen fremd sein. Du wirst es nicht nötig haben, ständig haben zu wollen, was ein anderer hat und noch mehr. Dir wird nicht Dein Besitz wichtiger sein als das, was Du aus Dir selber heraus bist. Dein Blick für die wahrhaft nötigen Dinge des Lebens wird nicht durch zu viel Greifbares verstellt sein. Denn mit leeren Händen kamst Du zu Welt und wirst sie ebenso wieder verlassen. Dein Herz wird daher nie ganz an etwas Vergänglichem haften bleiben. Es wird sich offen halten für das Größere.

Anhang 3:
Die „Goldene Regel" in den Weltreligionen

HINDUISMUS	*Man sollte sich gegenüber anderen nicht in einer Weise benehmen, die für einen selbst unangenehm ist; das ist das Wesen der Moral.*
JAINISMUS	*Gleichgültig gegenüber weltlichen Dingen sollte der Mensch wandeln und alle Geschöpfe in der Welt behandeln, wie er selbst behandelt sein möchte.*
CHINESISCHE RELIGION	*Was du selbst nicht wünschst, das tue auch nicht anderen Menschen an.* (Konfuzius)
BUDDHISMUS	*Ein Zustand, der nicht angenehm oder erfreulich für mich ist, soll es auch nicht für ihn sein; und ein Zustand, der nicht angenehm oder erfreulich für mich ist, wie kann ich ihn einem anderen zumuten?*
JUDENTUM	*Tue nicht anderen, was du nicht willst, dass sie dir tun.* (Rabbi Hillel)
CHRISTENTUM	*Alles, was ihr wollt, dass euch die Menschen tun, das tut auch ihr ihnen ebenso.* (Matthäus 7,12 / Lukas 6,31)
ISLAM	*Keiner von euch ist ein Gläubiger, solange er nicht seinem Bruder wünscht, was er sich selber wünscht.*

Mit anderen Worten...

„Wir lesen die Zehn Gebote schon lange nicht mehr so, wie sie vor ungefähr 3 000 Jahren konzipiert, tradiert, interpretiert, kodifiziert wurden, sondern wir lesen sie als Angehörige einer eigenen, noch weitgehend christlich geprägten Kultur. Es genügt für das Judentum der Glaube, dass der Mensch frei sei und imstande, zwischen Gut und Böse zu unterscheiden und sich entsprechend zu verhalten, – mit einem Wort: dass die Übertretung bestimmter Gesetze – zum Beispiel der Zehn Gebote –, weil in Freiheit vollzogen, unter Strafe fällt. Auch im Abendland geht die philosophische Ethik von der Willensfreiheit des Menschen aus. Dabei wird aber nicht problematisiert, wie denn ein Mensch zu einem Subjekt wird, das in Freiheit zum Guten fähig sein kann. Es ist ja nicht so, dass, wenn wir der Jugend die Zehn Gebote beibringen, wir am Ende gute Menschen hätten. Genau dieser Meinung der »moralischen Vereinfachung« ist das Christentum nicht. In gerade dieser Frage ist das Christentum gegenüber dem Judentum überhaupt erst zu einer eigenständigen Religion geworden. Das Christentum versteht sich gerade nicht als eine Gesetzesreligion, für die es genügen würde, die moralische Mahnrede zu intensivieren oder mit prophetischem Kalkül im Namen Gottes den Menschen zu drohen, damit sie sich am Ende den Geboten gemäß konform verhalten.

Eugen Drewermann: Die Zehn Gebote. Zwischen Weisung und Weisheit, Patmos, Düsseldorf 2006, 15f

****

Zwar stehen die zehn Gebote in der Bibel. Aber sobald man ihre Geltung allein daraus begründet, dass sie von Gott offenbart worden seien, werden sie nur wie von außen kommende Forderungen wahrgenommen. Es scheint dann keine andere Alternative zu bestehen, als entweder zu kuschen oder zu rebellieren.

Die christliche Botschaft will als Evangelium, als froh machende, weil Angst entmachtende Botschaft verstanden werden. In ihrem Sinn muss man sich für die Ethik vorwiegend auf eine andere Weise einsetzen. Anstatt zu bevormunden, sollte Mündigkeit gefördert werden.

Zu ethischer Einsicht findet man nicht durch eine Hand-
lungsethik, die einfach nur Normen aufstellt; es ist eher eine
Verfahrensethik zu entwickeln, durch die jeder selber die rechten
Normen finden kann. Die ethische Grundmaxime im Christen-
tum, aber auch überhaupt für alle Menschen ist von vornherein
eine verfahrensethische: Man soll den Nächsten wie sich selbst
lieben, also ihm das tun, was man sich selber wünschte, wenn
man an seiner Stelle wäre. Es handelt sich um eine Ethik, die
von der Fähigkeit des Menschen ausgeht, sich in die Situation
anderer hineinzuversetzen. Der christliche Glaube begründet
nicht die ethische Grundmaxime, sondern setzt sie voraus.
Begründet wird die Ethik von der Vernunft im Voraus zum
Glauben. Denn sie muss auch allen Nichtglaubenden zugänglich
sein.
Peter Knauer: Auch allen Nichtglaubenden zugänglich, in: Frankfurter
Rundschau 10.02.2004
****

Der Mensch ist gerade in seinem Innersten nicht sein eigener
Herr. Er gibt sich nicht die gegen ihn gerichteten Kriterien und
würde, wenn er könnte, die Spaltung seines Ich beenden. Ein
anderer blickt uns an, wenn wir gegen uns selbst kritisch sein
müssen, und er widerspricht uns im Widerspruch unseres
Lebens. Der Schatten des Richters fällt in unser Inneres und
macht es zum Tribunal.« Von diesem den ganzen Menschen
beanspruchenden und auf Transzendenz verweisenden
Verständnis des Gewissens her ist es verständlich, dass das
Gewissen die letzte, höchste und unbedingte Instanz für
menschliches Tun und Handeln ist und dass es keine höhere
Verpflichtung geben kann als die, seinem Gewissen zu folgen.
Heinrich Fries: Fundamentaltheologie, Styria, Graz 1985, 189ff (Auszug)
****

Einen blinden Gehorsam gegenüber menschlicher Autorität
kennt der Christ nicht - auch nicht gegenüber Papst und Bischof.
Wenn Christen trotz gründlicher Auseinandersetzung mit einer
verkündeten kirchlichen Lehre in einen Gewissenskonflikt
geraten und schließlich zu einer Entscheidung gelangen, die sich
mit den Forderungen der autoritativ vorgetragenen Lehre der
Kirche nicht in Einklang bringen lässt ..., dann behält ein solcher
Gewissensspruch seine Verbindlichkeit.
Johannes Gründel: Person und Gewissen. in: Ders. (Hrsg.): Leben aus
christlicher Verantwortung. Bd. 1., Patmos, Düsseldorf 1991, S. 79, 81

„Im Innern seines Gewissens entdeckt der Mensch ein Gesetz, das er sich nicht selbst gibt, sondern dem er gehorchen muss und dessen Stimme ihn immer zur Liebe und zum Tun des Guten und zur Unterlassung des Bösen anruft und, wo nötig, in den Ohren des Herzens tönt: Tu dies, meide jenes. Denn der Mensch hat ein Gesetz, das von Gott seinem Herzen eingeschrieben ist, dem zu gehorchen eben seine Würde ist und gemäß dem er gerichtet werden wird. Das Gewissen ist die verborgenste Mitte und das Heiligtum im Menschen, wo er allein ist mit Gott, dessen Stimme in diesem seinem Innersten zu hören ist. Im Gewissen erkennt man in wunderbarer Weise jenes Gesetz, das in der Liebe zu Gott und dem Nächsten seine Erfüllung hat. Durch die Treue zum Gewissen sind die Christen mit den übrigen Menschen verbunden im Suchen nach der Wahrheit und zur wahrheitsgemäßen Lösung all der vielen moralischen Probleme, die im Leben der Einzelnen wie im gesellschaftlichen Zusammenleben entstehen. Je mehr also das rechte Gewissen sich durchsetzt, desto mehr lassen die Personen und Gruppen von der blinden Willkür ab und suchen sich nach den objektiven Normen der Sittlichkeit zu richten. Nicht selten jedoch geschieht es, dass das Gewissen aus unüberwindlicher Unkenntnis irrt, ohne dass es dadurch seine Würde verliert. Das kann man aber nicht sagen, wenn der Mensch sich zu wenig darum müht, nach dem Wahren und Guten zu suchen, und das Gewissen durch Gewöhnung an die Sünde allmählich fast blind wird."

Zweites Vatikanisches Konzil: PASTORALE KONSTITUTION GAUDIUM ET SPES. ÜBER DIE KIRCHE IN DER WELT VON HEUTE (Nr. 16). http://www.vatican.va/archive/hist_councils/ii_vatican_council/document s/vat-ii_const_19651207_gaudium-et-spes_ge.html

****

Jesus war kein Theologieprofessor, und er hat auch kein Buch über christliche Ethik geschrieben. Als Wanderprediger hat er – oft aus konkretem Anlass – Gleichnisse erzählt, und er hat seine Auffassungen vom richtigen Leben in sprichwortartiger Form dargelegt. Vor allem aber hat er durch sein eigenes Verhalten gezeigt, worauf es ihm ankommt.

Vereinfacht lässt sich sein Ethos in wenigen Stichwörtern zusammenfassen: bedingungslose Güte, Barmherzigkeit gegenüber den Sündern, Zuwendung zu den Ausgegrenzten,

Mahlgemeinschaft mit Menschen, die von andern verachtet werden, gleiche Würde für Frauen und Männer, Hilfe für diejenigen, die krank und hilflos sind.

Diese Vorstellungen Jesu vom Umgang der Menschen miteinander sind für ihn eng verknüpft mit seinem Bild von Gott. Für Jesus verkörpert Gott grenzenlose und vorbehaltlose Liebe gegenüber allen Menschen. Deshalb sind seine Zuhörerinnen und Zuhörer aufgefordert, ihren Gott nachzuahmen, es ihm gleichzutun in Barmherzigkeit und Güte. Wenn das geschieht, verändern sich menschliche Beziehungen, und es werden Spuren der „Herrschaft Gottes" sichtbar. Mit dieser Metapher bezeichnen die Evangelien einen vollkommenen Zustand, der im Zusammenspiel von Gott und Menschen bald anbrechen soll.

Nach: R. Kaldewey / Franz W. Niehl: Grundwissen Religion, Kösel, München 2009, 216

****

„Es ist objektiv falsch, so zu handeln, dass Unwissenheit verursacht oder vermehrt wird, die zu einer Einschränkung oder Zerstörung des Menschseins eines anderen führt. Tugend wird in Weisheit, im Wissen und in der Offenheit gegenüber dem Wesen der Wirklichkeit selbst gefunden. Dies sind Werte, die erkannt werden können, wenn man in die Tiefe des Lebens eindringt, um eine neue Basis für die Ethik zu finden.

Wenn Freiheit, Wissen und Weisheit als objektive Werte anerkannt werden, dann wird die Ausbreitung dieser Werte für alle zu einem ethischen Imperativ von höchstem Rang. So werden alle Formen eines einschränkenden Stammes-bewusstseins, jeder Versuch, menschliche Feindschaft zu vermehren oder zu verstärken, jeder Versuch, die Erweiterung des Bewusstseins einzuschränken, als offenkundiges Übel erkannt. So ist der höchste Wert, der aus der Tiefe unseres Menschseins erwächst, die Ausweitung der Grenzen der menschlichen Erfahrung. Die Steigerung des Seins, die Vertiefung des Lebens eines jeden Menschen und die Befreiung jeder Person zu der aus ihr hervortretenden Liebe, werden Teil des letzten und objektiven Maßstabs zur Bestimmung richtigen Verhaltens. Das sind die Tugenden, die aus dem Leben selbst erwachsen. Sie sind nicht außerhalb des Lebens oder in der Autorität eines Wesens außerhalb des Lebens begründet."

John Shelby Spong, Was sich im Christentum ändern muss, Düsseldorf 2004, 187-190 (Auszug)

„Im 17. Kapitel des Evangelisten Lukas steht: "Gott wohnt in jedem Menschen". Also nicht in einem oder einer Gruppe von Menschen. Vergesst nie, Gott lebt in Euch allen, und Ihr als Volk habt allein die Macht, die Macht Kanonen zu fabrizieren, aber auch die Macht Glück zu spenden. Ihr als Volk habt es in der Hand, dieses Leben einmalig kostbar zu machen, es mit wunderbarem Freiheitsgeist zu durchdringen. Daher im Namen der Demokratie: lasst uns diese Macht nutzen, lasst uns zusammenstehen! Lasst uns kämpfen für eine neue Welt, für eine anständige Welt, die Jedermann gleiche Chancen gibt, die der Jugend eine Zukunft und den Alten Sicherheit gewährt. Versprochen haben die Unterdrücker das auch, deshalb konnten sie die Macht ergreifen. Das war Lüge, wie überhaupt alles, was sie Euch versprachen, diese Verbrecher! Diktatoren wollen die Freiheit nur für sich, das Volk soll versklavt bleiben. Kämpfen wir darum, um dieses Versprechen zu erfüllen! Kämpfen wir, um die Welt zu befreien - weg mit den nationalen Grenzen – nieder mit der Unterdrückung, dem Hass und der Intoleranz. Lasst uns kämpfen für eine Welt in der die Vernunft siegt, in der Fortschritt und Wissenschaft uns allen zum Segen gereichen. Kameraden! Im Namen der Demokratie, dafür lasst uns streiten!"
Charlie Chaplin in dem Film „Der große Diktator" (1940)

****

9

Nachbemerkung

Soweit die wichtigsten Gespräche mit meinem verehrten Lehrer. Wir haben uns natürlich noch weitere Male getroffen, manchmal auch nur kurz telefoniert, weil sich im Nachhinein immer wieder neue Fragen ergaben.

Schon nach unseren ersten Treffen brachte er zum Ausdruck, er habe jedes Mal nach der Verabschiedung ein schlechtes Gewissen gehabt. Nachträglich sei ihm siedend heiß eingefallen, was er inhaltlich alles vergessen, ausgelassen oder einfach zu ungenau dargestellt und erklärt habe.

Diese Sorge konnte ich nicht ganz nachvollziehen, aber dafür fehlt mir schlicht die fachliche Kompetenz. Mir haben die Gespräche jedenfalls weitergeholfen, viele Wissenslücken einigermaßen zu füllen, Vorurteile und Klischees zu überwinden und einen besseren Einblick in Sachen Religion zu gewinnen.

Weil, wie er betonte, der begrenzte Rahmen unserer Unterhaltungen ja leider nur ein erster Blick durchs Schlüsselloch gewesen sein, gab er mir noch ein paar Literaturtipps mit, für den Fall eines Anfluges von weiterem Wissendurst. Schließlich, so fand er, führe kein Weg daran vorbei, mal das eine oder andere Buch in die Hand zu nehmen, wenn man es genauer wissen wolle. Diese Bücherliste füge ich gerne bei.

10

Wer es noch etwas genauer wissen möchte:

Ein paar Literatur-Hinweise zu den einzelnen Kapiteln

1: Loch im Bauch

Als Hilfe zur Beantwortung von Kinderfragen sei die von Albert Biesinger, Helga Kohler-Spiegel und Simone Hiller herausgegebene Buchreihe empfohlen:
- Gibt´s Gott? Die großen Themen der Religion, Kösel, München 2007
- Woher, wohin, was ist der Sinn? Die großen Fragen des Lebens, Kösel, München 2011
- Was macht Jesus in dem Brot? Wissen rund um Kirche, Glaube, Christentum, Kösel, München 2013
- Warum dürfen Adam und Eva keine Äpfel essen? Kinderfragen zur Bibel, Kösel, München 2014
- Gibt es ein Leben nach dem Tod? Kösel, München 2017

2: Wozu brauchen wir so etwas überhaupt?
- Markus Beile: Religion für Nichtschwimmer, GVH, Gütersloh 2014
- Ralf Frisch: Atheismus adieu. Warum das, was ist, nicht alles ist, Claudius, München 2018
- Joachim Kunstmann: Leben eben! Religion für Sinnsucher – eine Anleitung, GVH, Gütersloh 2013
- Volker Ladenthin: Zweifeln, nicht verzweifeln! Warum wir Religion brauchen, Echter, Würzburg 2016
- Gerhard Staguhn: Wenn Gott gut ist, warum gibt es dann das Böse in der Welt? Fragen an die Religion, dtv 62470, München 2011

3: Mit dem anderen Auge sieht man mehr
- Bernd Beuscher: Tacheles Glauben, Neukirchener Verlag, Neukirchen-Vluyn 2014
- Timothy Keller: Glauben wozu? Religion im Zeitalter der Skepsis. Brunnen, Gießen 2019
- Natalie Knapp: Anders denken lernen, Oneness Center, Bern 2008
- Volker Ladenthin: Was wir wissen können und was wir glauben müssen, Echter, Würzburg 2018
- Ulrich Schnabel: Die Vermessung des Glaubens, Blessing, München 2008

4: Botschaften aus einer anderen Welt

- Bernhard Lang: Die 101 wichtigsten Fragen – Die Bibel, C. H. Beck, München 2013
- Harald Lesch / Harald Zaun: Die kürzeste Geschichte allen Lebens, Piper, München 2008
- Hans Kessler: Evolution und Schöpfung in neuer Sicht, Butzon & Bercker, Kevelaer 2009
- Hans Küng: Der Anfang aller Dinge. Naturwissenschaft und Religion, Piper, München 2005
- Christian Nürnberger: Die Bibel. Was man wirklich wissen muss, Rowohlt, Berlin 2006
- Rainer Oberthür: Das Buch vom Anfang von Allem. Bibel, Naturwissenschaft und das Geheimnis unseres Universums, Kösel, München 2015
- Carel van Schaik / Kai Michel: Das Tagebuch der Menschheit. Was die Bibel über unsere Evolution verrät, rororo 63133, Reinbek 2017
- Hans-Rudolf Stadelmann: Im Herzen der Materie. Glaube im Zeitalter der Naturwissenschaften, WBG, Darmstadt 2004

5: Wenn die passenden Worte fehlen

- Hubertus Halbfas: Der Herr ist nicht im Himmel, GVH, Gütersloh 2013
- Hans Kessler: Gott – warum er uns nicht loslässt, Topos tt191, Kevelaer 2016
- Stephan Lange: Begründet glauben, Neukirchener, Neukirchen-Vluyn 2017
- Manfred Lütz: Gott. Eine kleine Geschichte des Größten, Pattloch, München 2007
- Klaus Müller: Gott erkenne, Pustet, Regensburg 2001
- Norbert Scholl: Gott – der die das große Unbekannte, Grünewald, Ostfildern 2020
- Keith Ward: Gott. Das Kursbuch für Zweifler, Primus, Darmstadt 2007

6: Das Maß des Menschlichen

- John Dominic Crossan: Jesus. Ein revolutionäres Leben, BsR 1144, München 1996
- Eugen Drewermann: Das Geheimnis des Jesus von Nazareth, Patmos, Ostfildern 2018
- Heiner Geißler: Was würde Jesus heute sagen? Die politische Botschaft des Evangeliums, rororo 61594, Reinbek 2004
- Alois Prinz: Jesus von Nazaret, Gabriel, Stuttgart 2013

7: Aufs Ganze und auf Sieg setzen

- Markus Gabriel: Ich ist nicht Gehirn, Ullstein, Berlin 2015
- Medard Kehl: Und was kommt nach dem Ende? Topos TB 571, Kevelaer 2008
- Hans Kessler: Was kommt nach dem Tod? Butzon & Bercker, Kevelaer 2014
- Hans Küng: Ewiges Leben? Piper, München 1982
- Hartmut Sommer: Unsterbliche Seele? Antworten der Philosophie, Topos TB 1048, Kevelaer 2016

8: Entscheidungen am Geländer

- Eugen Drewermann: Die Zehn Gebote. Zwischen Weisung und Weisheit, Patmos, Düsseldorf 2006
- Rainer Erlinger: Moral. Wie man richtig gut lebt, Fischer, Frankfurt/M. 2011
- Frieder Lauxmann: Wonach sollen wir uns richten? Kreuz, Stuttgart 2002
- Roland Rosenstock: Die Zehn Gebote und was sie heute bedeuten, rororo 62232, Reinbek 2007
- Mathias Schreiber: Die Zehn Gebote. Eine Ethik für heute, DVA, München 2010
- Christoph von Lowtzow: es geht ums Ganze. Bausteine für eine Religiosität und Ethik der Zukunft, Steinkopf, Stuttgart 1997
- Dietmar von der Pforten: Menschenwürde, Beck, München 2016

Reiner Jungnitsch
**Wie soll das einer
glauben?**
Die Geschichten der
Bibel besser verstehen
Paperback
160 Seiten
ISBN-13:
9783746080949
6,99 €

Die Bibel ist heute insbesondere für junge Menschen ein
fremdes und unverständliches Buch. Es bedarf immer
wieder neuer Hin-Wege zum angemessenen Verstehen.
Genau das wird hier für Jugendliche versucht.

Reiner Jungnitsch
Glauben sie das wirklich?
In Briefen mit Jugendlichen das Leben und den Glauben erkunden
Paperback
112 Seiten
ISBN-13: 9783746094038
5,90 €

Viele Heranwachsende verfügen heute kaum mehr über ein grundlegendes Wissen in Sachen Glaube, Religion und Christentum.
Das Anliegen der christlichen Religion verständlich darzustellen, verlangt heute andere Worte und Wege als früher. Dieses Buch greift zentrale Themen des Glaubens auf und versucht, deren Kern lebensnah zu entfalten.